Maßmann

**Wirtschaftsmathematik – Prüfungsvorbereitung**

**Reihe:**

Prüfungsvorbereitung mit 100 Aufgaben, Hinweisen und Lösungen

herausgegeben von Professor Dr. Volker Drosse und Professor Dr. Matthias Maßmann

**Weitere geplante Titel:**

- Buchführung und Bilanzierung
- Kosten- und Leistungsrechnung
- Statistik

Matthias Maßmann

# Wirtschaftsmathematik – Prüfungsvorbereitung mit 100 Aufgaben, Hinweisen und Lösungen

HANSER

**Autor:**
Professor Dr. Matthias Maßmann, Berufsakademie (BA) Rhein-Main

Bibliografische Information der Deutschen Nationalbibliothek:
Die Deutsche Nationalbibliothek verzeichnet diese Publikation in der Deutschen Nationalbibliografie; detaillierte bibliografische Daten sind im Internet über http://dnb.d-nb.de abrufbar.


Internet: www.hanser-fachbuch.de

Lektorat: Frank Katzenmayer
Herstellung: Anne Kurth
Satz: Kösel Media GmbH, Krugzell
Titelbild: © shutterstock.com/traffic_analyzer
Covergestaltung: Max Kostopoulos
Coverkonzept: Marc Müller-Bremer, www.rebranding.de, München
Druck und Bindung: Friedrich Pustet GmbH & Co. KG, Regensburg
Printed in Germany

Print-ISBN: 978-3-446-46401-8
E-Book-ISBN: 978-3-446-46545-9

# Vorwort der Herausgeber

Wirtschaftswissenschaften, Wirtschaftsinformatik, Wirtschaftsingenieurwesen – der Weg bis zum erfolgreichen Studienabschluss ist gepflastert mit einer Vielzahl von Vorlesungen und den unvermeidlichen Klausuren.

Als Dozent wird man in der Phase der Prüfungsvorbereitung im Wesentlichen mit einer Frage konfrontiert: Haben Sie noch mehr Übungsaufgaben? Gefolgt von der Frage: Haben Sie Lösungen?

Diese Buchreihe soll den Studierenden die Möglichkeit geben, sich im Selbststudium auf die Prüfungen vorzubereiten, weil nicht nur Endergebnisse als Lösungen angegeben werden, sondern auch ausführliche Erläuterungen zum Lösungsweg.

Dabei greifen die Autoren auf ihre jahrelange Erfahrung als Dozenten verschiedenster Module an Berufsakademien, Fachhochschulen oder anderen Bildungseinrichtungen zurück. Insgesamt ergibt sich so eine kleine Bibliothek der Übungsaufgaben, die den gesamten Studienverlauf abdeckt.

Rödermark, im September 2020

*Volker Drosse*

*Matthias Maßmann*

# Vorwort des Autors

Manche Studierende sind überrascht, wie früh im Verlauf eines wirtschaftswissenschaftlichen Studiums sie mit Mathematik konfrontiert sind, meist schon ganz am Anfang. Das liegt daran, dass die Mathematik als Werkzeug in praktisch jeder ökonomischen Teildisziplin benötigt wird – sei es, dass Gewinne maximiert, Transportwege minimiert oder Kundenzufriedenheiten gemessen werden müssen. Von den Fragestellungen im Finanzbereich ganz zu schweigen.

An dieser Stelle macht sich dann oft ein „Das habe ich schon in der Schule nicht verstanden"-Trauma breit. Und so bekommen die entsprechenden Prüfungen das Image eines Aussiebe-Vorgangs, der im besten Falle gerade eben so bestanden werden kann. Und wenn man später im Fernsehen sagt, dass man Mathematik nicht versteht, bekommt man vom Publikum noch Beifall.

Das ist falsch und unnötig. Man muss sich als Lehrer und Dozent nur die Zeit nehmen, die Zusammenhänge einfach zu erklären. Und man muss als Studierender üben. Hierbei soll das vorliegende Werk helfen.

Bei meinen Mathematik-Veranstaltungen habe ich beobachtet, dass man die Studierenden erst einmal bei den grundlegenden Regeln und Zusammenhängen abholen muss. Danach können weiterführende theoretische Grundlagen entwickelt werden, die man schließlich auf ökonomische Fragestellungen anwendet. Ich habe mich bemüht, diesen Dreiklang in entsprechende Übungsaufgaben zu übersetzen. Die Lösungen sind so gestaltet, dass sich das Buch zum Selbststudium eignet.

Ich bedanke mich bei den Studierenden der Berufsakademie Rhein-Main in Rödermark, die mir – wissentlich und unwissentlich – wertvolle Hinweise zur Gestaltung von Lehrveranstaltungen im Allgemeinen und von Übungsaufgaben im Besonderen gegeben haben. Ich bedanke mich bei den Kolleginnen und Kollegen der BA, die im Hintergrund dafür sorgen, dass ich den Studierenden Freude an der Mathematik vermitteln kann (oder das zumindest versuchen kann). Ich danke Frau Christina Kubiak und Herrn Frank Katzenmayer für die reibungslose und gute Zusammenarbeit mit dem Hanser Verlag. Und ich danke den vielen kleinen und großen guten Geistern, die mir Rat, Tat und Ansporn gegeben haben.

Kritik und Anregungen sind herzlich willkommen. Denn uns alle, die wir uns mit Mathematik auseinandersetzen, eint eine Erkenntnis: Mathe macht Spaß!

Frankfurt, im September 2020

*Matthias Maßmann*

# Inhalt

# 1 Mathematische Grundlagen

## 1.1 Aufgaben

### Aufgabe 1

Berechnen Sie folgende Summen:

a) $\sum_{i=3}^{6} i$

b) $\sum_{i=12}^{15} 3i$

c) $\sum_{i=-5}^{-3} i(i+1)$

d) $\sum_{i=2}^{5} (-1)^i \times i$

e) $\sum_{i=4}^{6} \frac{a}{i^2}$

### Aufgabe 2

Berechnen Sie folgende Produkte:

a) $\prod_{i=1}^{4} i$

b) $\prod_{i=4}^{7} 3i$

c) $\prod_{i=5}^{9} i(i+1)$

d) $\prod_{i=-3}^{-1} (-1)^i \times i$

e) $\prod_{i=12}^{16} a^i$

**Aufgabe 3**

Berechnen Sie folgende Ausdrücke:

a) $\sum_{i=2}^{5}\sum_{j=6}^{7} ij$

b) $\sum_{i=2}^{5}\prod_{j=6}^{7} ij$

c) $\prod_{i=2}^{5}\sum_{j=6}^{7} ij$

**Aufgabe 4**

Vereinfachen Sie die Ausdrücke:

a) $(a+b)^2 - (a-b)^2$

b) $(x+y)(y-x)$

c) $u - v - (2u - 2v - (3u - 3v))$

**Aufgabe 5**

Schreiben Sie als Produkt:

a) $18ab - 9a + 27a^2$

b) $6x^2 + 24x + 24$

c) $64x^2 - 16x + 1$

d) $48u^2 - 75v^2$

## Aufgabe 6

Schreiben Sie als Potenz:

a) $\sqrt[3]{x\sqrt[2]{x}}$

b) $\sqrt[5]{x^{-3}\sqrt{x^6}}$

c) $\dfrac{\sqrt[6]{x^3}}{\sqrt{y}}\,\dfrac{\sqrt{y^3}}{\sqrt[3]{x}}$

## Aufgabe 7

Vereinfachen Sie folgende Ausdrücke:

a) $x^n \times x^{2n}$

b) $\dfrac{a^3b^4c}{ab^2c^3}$

c) $\dfrac{x^{2n-1}y^{5n}}{y^{3n-1}x^{n+1}}$

d) $\dfrac{\left(a^4b^{-3}\right)^{-2}}{c^5}$

## Aufgabe 8

Berechnen Sie:

a) $\log_5(125)$

b) $\log_2\left(\dfrac{1}{16}\right)$

c) $\ln(e)$

d) $\ln(e^x)$

## 1.2 Lösungen

### Lösung zu Aufgabe 1

Nacheinander müssen in den Ausdruck hinter dem Summenzeichen die Werte der Laufvariablen *i* eingesetzt werden. Die Untergrenze steht unter, die Obergrenze über dem Summenzeichen. Anschließend ist alles zu addieren. Das Summenzeichen ist übrigens der große griechische Buchstabe Sigma, der unserem S entspricht und auf eine Summe hinweist.

a) $\sum_{i=3}^{6} i = 3+4+5+6 = 18$

b) $\sum_{i=12}^{15} 3i = 3\sum_{i=12}^{15} i = 3(12+13+14+15) = 162$

c) $\sum_{i=-5}^{-3} i(i+1) = (-5)(-4)+(-4)(-3)+(-3)(-2) = 38$

a) $\sum_{i=2}^{5} (-1)^i \times i = 2-3+4-5 = -2$

d) $\sum_{i=4}^{6} \frac{a}{i^2} = \frac{a}{16}+\frac{a}{25}+\frac{a}{36} = \frac{469a}{3600}$

### Lösung zu Aufgabe 2

Die Vorgehensweise ist dieselbe wie beim Summenzeichen, nur sind diesmal alle Werte zu multiplizieren. Das Produktzeichen ist übrigens der große griechische Buchstabe Pi, der unserem P entspricht und auf ein Produkt hinweist.

a) $\prod_{i=1}^{4} i = 1\times 2\times 3\times 4 = 4! = 24$

b) $\prod_{i=4}^{7} 3i = 3^4\prod_{i=4}^{7} i = 3^4 \times 4\times 5\times 6\times 7 = 68040$

c) $\prod_{i=5}^{9} i(i+1) = 5\times6\times6\times7\times7\times8\times8\times9\times9\times10 = 457228800$

d) $\prod_{i=-3}^{-1} (-1)^i \times i = (-1)^{-3}\times(-3)\times(-1)^{-2}\times(-2)\times(-1)^{-1}\times(-1) = -6$

e) $\prod_{i=12}^{16} a^i = a^{12}\times a^{13}\times a^{14}\times a^{15}\times a^{16} = a^{12+13+14+15+16} = a^{70}$

**Lösung zu Aufgabe 3**

Bei doppelten Ausdrücken fixiert man zuerst den vorderen Index und durchläuft die hintere Summe (oder Produkt). Danach setzt man die vordere Variable um 1 hoch und durchläuft wieder die hintere Operation. Das macht man solange, bis alle vorderen Indizes durchlaufen wurden.

a) $\sum_{i=2}^{5}\sum_{j=6}^{7} ij = 2\times6+2\times7+3\times6+3\times7+4\times6+4\times7+5\times6+5\times7 = 182$

b) $\sum_{i=2}^{5}\prod_{j=6}^{7} ij = \sum_{i=2}^{5} i^2 \prod_{j=6}^{7} j = 2^2\times6\times7+3^2\times6\times7+4^2\times6\times7+5^2\times6\times7 = 2268$

c) $\prod_{i=2}^{5}\sum_{j=6}^{7} ij = \prod_{i=2}^{5} i \sum_{j=6}^{7} j \quad = 2\times(6+7)\times3\times(6+7)\times4\times(6+7)\times5\times(6+7)$

$= 3427320$

**Lösung zu Aufgabe 4**

Wir alle haben sie bis zum Abwinken gepaukt: die binomischen Formeln. Wenn sie einem im richtigen Moment einfallen, bringen sie eine erhebliche Rechenvereinfachung. Wenn man Klammern auflöst, arbeitet man sich am besten von innen nach außen vor.

a) $(a+b)^2-(a-b)^2 = a^2+2ab+b^2-\left(a^2-2ab+b^2\right) = 4ab$

b) $(x+y)(y-x) = (y+x)(y-x) = y^2-x^2$

c) $$u-v-\left(2u-2v-\left(3u-3v\right)\right)=u-v-\left(2u-2v-3u+3v\right)$$
$$=u-v-\left(-u+v\right)=2u-2v$$

## Lösung zu Aufgabe 5

Das Distributivgesetz (genau, die Sache mit Ausklammern und Ausmultiplizieren!) ist deswegen so wichtig, weil man mit ihm eine Summe in ein Produkt verwandeln kann (und umgekehrt). Die Binomischen Formeln (ein Binom ist eine Summe aus zwei Summanden) sind ein Spezialfall des Distributivgesetzes.

a) $$18ab-9a+27a^2=9a\left(2b-1+3a\right)$$

b) $$6x^2+24x+24=6\left(x^2+4x+4\right)=6\left(x+2\right)^2$$

c) $$64x^2-16x+1=\left(8x-1\right)^2$$

d) $$48u^2-75v^2=3\left(16u^2-25v^2\right)=3\left(4u-5v\right)\left(4u+5v\right)$$

## Lösung zu Aufgabe 6

Es empfiehlt sich, Wurzeln als Potenzen zu schreiben. Auf diese Weise muss man für Wurzeln keine eigenen Regeln lernen, sondern kann auf die Potenzgesetze zurückgreifen. Auch später beim Ableiten hilft dieser Trick enorm.

a) $$\sqrt[3]{x\sqrt[2]{x}}=\left(x\times x^{\frac{1}{2}}\right)^{\frac{1}{3}}=\left(x^{\frac{3}{2}}\right)^{\frac{1}{3}}=x^{\frac{1}{2}}$$

b) $$\sqrt[5]{x^{-3}\sqrt{x^6}}=\left(x^{-3}\times x^{\frac{6}{2}}\right)^{\frac{1}{5}}=\left(x^0\right)^{\frac{1}{5}}=1$$

c) $$\frac{\sqrt[6]{x^3}}{\sqrt{y}}\frac{\sqrt{y^3}}{\sqrt[3]{x}}=x^{\frac{3}{6}}y^{-\frac{1}{2}}y^{\frac{3}{2}}x^{-\frac{1}{3}}=x^{\frac{1}{6}}y$$

**Lösung zu Aufgabe 7**

Wenn man eine Potenz aus dem Nenner in den Zähler holt (oder umgekehrt), ändert sich das Vorzeichen des Exponenten.

a) $x^n \times x^{2n} = x^{3n}$

b) $\dfrac{a^3b^4c}{ab^2c^3} = a^2b^2c^{-2}$

c) $\dfrac{x^{2n-1}y^{5n}}{y^{3n-1}x^{n+1}} = x^{2n-1}y^{5n}y^{-3n+1}x^{-n-1} = x^{n-2}y^{2n+1}$

d) $\dfrac{\left(a^4b^{-3}\right)^{-2}}{c^5} = a^{-8}b^6c^{-5}$

**Lösung zu Aufgabe 8**

Mit dem Logarithmus wird der Exponent einer Potenz ausgerechnet. Es wird also die Frage geklärt: Hoch was muss ich die Basis nehmen, damit die Zahl herauskommt, die im Logarithmus steht? Die Abkürzung „ln" steht für den natürlichen Logarithmus, also den Logarithmus zur Basis e.

a) $\log_5(125) = 3$

b) $\log_2\left(\dfrac{1}{16}\right) = -4$

c) $\ln(\mathrm{e}) = 1$

d) $\ln(\mathrm{e}^x) = x$

# 2 Lösen von Gleichungen

## 2.1 Aufgaben

**Aufgabe 9**

Lösen Sie folgende linearen Gleichungen:

a) $2x-4=6$

b) $3(x+2)-4=14$

c) $2(3x-5)+7=-3x+6$

d) $3(x-2)-14=4(3x-2)+15$

**Aufgabe 10**

Lösen Sie folgende quadratischen Gleichungen:

a) $x^2+2=3x$

b) $3x^2=6x+24$

c) $2x(x-4)+6x+4=3(8+2x)-2-8x$

d) $x(2x-5)+6=3(x+2)$

**Aufgabe 11**

Lösen Sie folgende Bruchgleichungen:

a) $\dfrac{2}{x+1}=6$

b) $\frac{1}{x+1} = \frac{2}{x-1}$

c) $\frac{4}{x-2} + \frac{3}{x+2} = \frac{9}{x^2-4}$

d) $\frac{2x-1}{3x+6} = \frac{x+1}{3x-6}$

**Aufgabe 12**

Lösen Sie folgende Wurzelgleichungen:

a) $\sqrt{7x-3} + 4 = 9$

b) $3x = \sqrt{3x+103} + 7$

c) $\sqrt{2x+3} + \sqrt{x+1} = 1$

**Aufgabe 13**

Lösen Sie folgende Exponentialgleichungen:

a) $3^x = 6^x$

b) $7^{x-5} = \sqrt{7}$

c) $e^{2x+1} = 9$

**Aufgabe 14**

Lösen Sie folgende Logarithmusgleichungen:

a) $\ln(x-1) = 3$

b) $\ln(x^2) + \ln(\sqrt{x}) = 5$

c) $\ln(x^2) = \frac{1}{3}\ln(64) - \frac{1}{2}\ln(25)$

### Aufgabe 15

Welche reellen Zahlen genügen der Ungleichung

a) $\frac{x+7}{3-x} \leq 5x-1$

b) $\frac{2x+3}{x-3} \leq 3x-1$

### Aufgabe 16

Ramon möchte eine Gartenhütte bauen. Mit drei Freunden zusammen würde er das in 28 Tagen schaffen. Allerdings soll es in 16 Tagen regnen, darum will er es bis dahin schaffen. Wie viele Freunde muss er noch aktivieren?

### Aufgabe 17

Ein Auto verbraucht 8 Liter Benzin für eine Strecke von 100 km. Ein Liter Benzin kostet 1,239 EUR. Wieviel kostet es, eine 1200 km lange Strecke zurückzulegen?

## 2.2 Lösungen

### Lösung zu Aufgabe 9

Bei linearen Gleichungen taucht die Variable $x$ nur in erster Potenz auf, es handelt sich also um denkbar einfache Gleichungen. Das Lösungsprinzip ist immer dasselbe: erst alles mit $x$ auf eine Seite der Gleichung bringen, die konstanten Zahlen auf die andere.

a) $2x-4=6\times \Rightarrow 2x=10\times \Rightarrow x=5$

b) $3(x+2)-4=14\times 3(x+2)=18\times 3x+6=18\times 3x=12\times \Rightarrow x=4$

c) $2(3x-5)+7=-3x+6 \Rightarrow 6x-10+7=-3x+6 \Rightarrow 9x=9 \Rightarrow x=1$

d) $3(x-2)-14=4(3x-2)+15 \Rightarrow 3x-6-14=12x-8+15$

$$\Rightarrow -9x=27 \Rightarrow x=-3$$

**Lösung zu Aufgabe 10**

Bei quadratischen Gleichungen stellt man zunächst die sog. Normalform her, also alles steht auf einer Seite der Gleichung, auf der anderen Seite steht eine Null. Diese Gleichung löst man dann mit der p-q-Formel (oder - je nachdem, wo man zur Schule gegangen ist - mit der abc-Formel).

Man hat es mit einer Spezialform einer quadratischen Gleichung zu tun, wenn entweder der Summand mit dem $x$ oder der konstante Summand fehlt. Im ersten Fall zieht man direkt die Wurzel, im zweiten Fall empfiehlt es sich, ein $x$ auszuklammern.

a) $x^2+2=3x \Rightarrow x^2-3x+2=0 \Rightarrow x=1{,}5 \pm \sqrt{1{,}5^2-2}=2/1$

b) $3x^2=6x+24 \Rightarrow 3x^2-6x-24=0 \Rightarrow x^2-2x-8=0$

$$\Rightarrow x=1 \pm \sqrt{1^2+8}=4/-2$$

c) $2x(x-4)+6x+4=3(8+2x)-2-8x$

$$\Rightarrow 2x^2-8x+6x+4=24+6x-2-8x$$

$$\Rightarrow 2x^2=18$$

$$\Rightarrow x^2=9$$

$$\Rightarrow x=\pm 3$$

d) $x(2x-5)+6=3(x+2) \Rightarrow 2x^2-5x+6=3x+6 \Rightarrow 2x^2-8x=0$

$$\Rightarrow 2x(x-4)=0 \Rightarrow x=0/4$$

**Lösung zu Aufgabe 11**

Kommen in einer Gleichung Brüche vor, müssen wir zuerst überlegen, für welche $x$-Werte der oder die Nenner Null werden würden. Diese Werte kommen als Lösung nicht in Frage. Zur Lösung gibt es dann ein Hauptprinzip: Erst mit dem Hauptnenner multiplizieren. Danach ergibt sich nämlich normalerweise eine lineare oder quadratische Gleichung - und wie wir die lösen, wissen wir ja.

a) -1 ist keine Lösung.

$$\frac{2}{x+1}=6\Rightarrow 2=6x+6\Rightarrow 6x=-4\Rightarrow x=-\frac{2}{3}$$

b) -1 und 1 kommen als Lösung nicht in Frage.

$$\frac{1}{x+1}=\frac{2}{x-1}\Rightarrow x-1=2x+2\Rightarrow x=-3$$

c) 2 und -2 kommen als Lösung nicht in Frage.

$$\frac{4}{x-2}+\frac{3}{x+2}=\frac{9}{x^2-4}\Rightarrow 4(x+2)+3(x-2)=9\Rightarrow 7x+2=9\Rightarrow x=1$$

d) 2 und -2 kommen als Lösung nicht in Frage.

$$\frac{2x-1}{3x+6}=\frac{x+1}{3x-6}$$

$$\Rightarrow (2x-1)(3x-6)=(x+1)(3x+6)$$

$$\Rightarrow 6x^2-15x+6=3x^2+9x+6$$

$$\Rightarrow 3x^2-24x=0$$

$$\Rightarrow 3x(x-8)=0$$

$$\Rightarrow x=0/8$$

## Lösung zu Aufgabe 12

Bei Wurzelgleichungen führt kein Weg am Quadrieren vorbei. Vorher muss aber die Wurzel isoliert, also alleine auf eine Seite der Gleichung gebracht, werden. Hat eine Gleichung mehrere Wurzeln, geschieht das eben mehrfach. Sind alle Wurzeln beseitigt, ergibt sich eine lineare oder quadratische Gleichung, die auf bewährte Art gelöst wird. Nach Lösung der Gleichung ist unbedingt eine Probe durchzuführen, d.h. die Lösungen müssen in die Ausgangsgleichung eingesetzt werden, um zu schauen, ob sie stimmen.

a) $\sqrt{7x-3}+4=9\Rightarrow\sqrt{7x-3}=5\Rightarrow 7x-3=25\Rightarrow 7x=28\Rightarrow x=4$

Setzt man diese Lösung in die Ausgangsgleichung ein, stimmt sie.

b) $3x = \sqrt{3x+103} + 7$

$$\Rightarrow 3x - 7 = \sqrt{3x+103}$$
$$\Rightarrow 9x^2 - 42x + 49 = 3x + 103$$
$$\Rightarrow 9x^2 - 45x + 54 = 0$$
$$\Rightarrow x^2 - 5x - 6 = 0$$
$$\Rightarrow x = 6 / -1$$

Die Probe ergibt, dass nur 6 die Lösung ist.

c) $\sqrt{2x+3} + \sqrt{x+1} = 1$

$$\Rightarrow \sqrt{2x+3} = 1 - \sqrt{x+1}$$
$$\Rightarrow 2x + 3 = 1 - 2\sqrt{x+1} + x + 1$$
$$\Rightarrow x + 1 = -2\sqrt{x+1}$$
$$\Rightarrow x^2 + 2x + 1 = 4x + 4$$
$$\Rightarrow x^2 - 2x - 1 = 0$$
$$\Rightarrow x = 3 / -1$$

Die Probe ergibt, dass nur -1 die Lösung ist.

### Lösung zu Aufgabe 13

Zum Lösen von Exponentialgleichungen muss logarithmiert werden. Üblicherweise nimmt man den natürlichen Logarithmus. Den Rest erledigen dann die Logarithmus-Regeln. Tipp: Wurzeln als Potenzen schreiben.

a) $3^x = 6^x \Rightarrow \ln(3^x) = \ln(6^x) \Rightarrow x\ln(3) = x\ln(6) \Rightarrow x = \dfrac{\ln(3)}{\ln(6)} = 0{,}61$

b) $7^{x-5} = \sqrt{7} \Rightarrow 7^{x-5} = 7^{\frac{1}{2}} \Rightarrow (x-5)\ln(7) = \dfrac{1}{2}\ln(7) \Rightarrow x - 5 = \dfrac{1}{2} \Rightarrow x = 5{,}5$

c) $e^{2x+1} = 9 \Rightarrow \ln(e^{2x+1}) = \ln(9) \Rightarrow (2x+1)\ln(e) = \ln(9) \Rightarrow 2x + 1 = \ln(9)$

$$\Rightarrow x = \frac{\ln(9) - 1}{2} = 0{,}599$$

**Lösung zu Aufgabe 14**

Der Logarithmus muss „rückgängig" gemacht werden, das geschieht mithilfe der Exponentialfunktion, die man auf beiden Seiten der Gleichung anwendet. Die Lösung erfolgt mithilfe der Potenz-, Exponential- und Logarithmusregeln.

a) $\ln(x-1)=3 \Rightarrow \exp(\ln(x-1))=\exp(3) \Rightarrow x-1=e^3 \Rightarrow x=e^3+1$

b) $\ln\left(x^2\right)+\ln\left(\sqrt{x}\right)=5$

$$\Rightarrow \ln\left(x^2\right)+\ln\left(x^{\frac{1}{2}}\right)=5$$

$$\Rightarrow \exp\left(\ln\left(x^2\right)+\ln\left(x^{\frac{1}{2}}\right)\right)=\exp(5)$$

$$\Rightarrow \exp(\ln\left(x^2\right))\times\exp\left(\ln\left(x^{\frac{1}{2}}\right)\right)=\exp(5)$$

$$\Rightarrow x^2\times x^{\frac{1}{2}}=e^5$$

$$\Rightarrow x^{2,5}=e^5$$

$$\Rightarrow x=e^2$$

c) $\ln\left(x^2\right)=\frac{1}{3}\ln(64)-\frac{1}{2}\ln(25)=\ln\left(64^{\frac{1}{3}}\right)-\ln\left(25^{\frac{1}{2}}\right)=\ln(4)-\ln(5)$

$$\Rightarrow \exp\left(\ln\left(x^2\right)\right)=\exp\left(\ln(4)-\ln(5)\right)=\frac{\exp(4)}{\exp(5)}$$

$$\Rightarrow x^2=\frac{4}{5}$$

$$\Rightarrow x=\pm\sqrt{\frac{4}{5}}=\pm 0,894$$

### Lösung zu Aufgabe 15

Der Vollständigkeit halber wollen wir noch einen kurzen Blick auf Ungleichungen werfen. Da sich bei der Multiplikation mit einer negativen Zahl das Zeichen umdreht, müssen wir eine Fallunterscheidung machen.

a) $\frac{x+7}{3-x} \leq 5x-1$

**Fall 1:**

$$x<3: x+7 \leq (5x-1)(3-x) = -5x^2+16x-3 \Rightarrow -5x^2+15x-10 \geq 0$$

Bei der quadratischen Funktion handelt es sich um eine nach unten geöffnete Parabel mit den Nullstellen $x = 1$ und $x = 2$ (wie man mit p-q-Formel herausfinden kann), die im Bereich zwischen den Nullstellen oberhalb der $x$-Achse liegt. Da dieser Bereich (wie in der Bedingung gefordert) links von 3 liegt, ist die Lösung $1 \leq x \leq 2$.

**Fall 2:**

$$x>3: x+7 \geq (5x-1)(3-x) = -5x^2+16x-3 \Rightarrow -5x^2+15x-10 \leq 0$$

Unterhalb der $x$-Achse liegt die Parabel links von $x = 1$ und rechts von $x = 2$. Die Bedingung lautet $x > 3$, das liegt rechts von 2 und ist somit die Lösung.

Die beiden Fälle zusammenfassend, wird insgesamt die Ungleichung erfüllt für alle $1 \leq x \leq 2$ oder $x > 3$.

b) $\frac{2x+3}{x-3} \leq 3x-1$

**Fall 1:**

$$x>3: 2x+3 \leq (3x-1)(x-3) = 3x^2-10x+3 \Rightarrow 3x^2-12x \geq 0$$

Die Nullstellen der rechts stehenden nach oben geöffneten Parabel ermittelt man am schnellsten, indem man $3x$ ausklammert, und erhält $x = 0$ und $x = 4$. Oberhalb der $x$-Achse liegt die Parabel also links von 0 und rechts von 4, zusammen mit der Bedingung $x > 3$ erhalten wir also die Lösung $x \geq 4$.

**Fall 2:**

$$x < 3: 2x+3 \leq (3x-1)(x-3) = 3x^2 - 10x + 3 \Rightarrow 3x^2 - 12x \leq 0$$

Zwischen den Nullstellen (also im Bereich $0 \leq x \leq 4$) liegt die Parabel unterhalb der $x$-Achse. Gleichzeitig muss laut Bedingung $x > 3$ sein, zusammen ergibt das die Lösung $3 < x \leq 4$.

Fall 1 und 2 zusammen ergeben die Lösung $3 < x$.

## Lösung zu Aufgabe 16

Wir müssen den gesamten Arbeitsaufwand bestimmen. Der beträgt $28 \times 4 = 112$ Manntage. Wenn nur 16 Tage zur Verfügung stehen, ist folgende Gleichung zu lösen: $16x = 112 \Rightarrow x = 7$.

Zusätzlich zu den aktuellen drei müsste Ramon also noch drei weitere Freunde von der Arbeit begeistern.

## Lösung zu Aufgabe 17

Der Verbrauch ist pro 100 km angegeben, also ist das die „Einheit", in der wir rechnen müssen. Teilen wir die angegebene Strecke durch 100 km, wissen wir, wie oft 8 Liter verbraucht werden. Das muss mit dem Preis multipliziert werden: $\frac{1200}{100} \times 8 \times 1{,}239 = 118{,}944$.

# 3 Differential- und Integralrechnung in $\mathbb{R}$

## 3.1 Aufgaben

### 3.1.1 Differentialrechnung – Grundlagen

**Aufgabe 18**

a) Bestimmen Sie den Achsenabschnitt und die Nullstelle der Geraden $y = 2x + 1$.

b) Bestimmen Sie die Nullstelle der Gerade, die durch die Punkte (2; 10) und (4; 24) geht.

c) Bestimmen Sie den Schnittpunkt der beiden Geraden aus a) und b).

**Aufgabe 19**

Bestimmen Sie die Nullstellen der (kubischen) Funktion:

$$y = x^3 - 6x^2 + 11x - 6$$

**Aufgabe 20**

Bestimmen Sie die Nullstellen der Funktion:

$$y = x^4 - 2x^3 - 13x^2 + 14x + 24$$

**Aufgabe 21**

Bilden Sie jeweils die erste Ableitung der folgenden Funktionen:

a) $f(x) = 3x^5 - 2x^4 + 4x^3 - x^2 + 3x + 6$

b) $f(x) = \ln(x) - \frac{1}{x}$

c) $f(x) = \sqrt{x}\ln(x)$

d) $f(x) = \frac{2x}{x^2 - 1}$

e) $f(x) = e^{2x^2+3x}$

f) $f(x) = 2^x$

**Aufgabe 22**

Bestimmen Sie jeweils die erste Ableitung.

a) $f(x) = 2(3x-4)^5 + \sqrt[3]{x^3 - 2}$

b) $f(x) = x\ln(x)$

c) $f(x) = \frac{7x-2}{(x+3)^4}$

d) $f(x) = 4x^2 e^{2x^3+5}$

**Aufgabe 23**

Bestimmen Sie die Extrem- und Wendepunkte folgender Funktionen:

a) $f(x) = x^2 - 6x + 7$

b) $f(x) = xe^{-x}$

c) $f(x) = 2x^3 - 12x^2 + 18x - 3$

d) $f(x) = x\ln(x)$

**Aufgabe 24**

Bestimmen Sie den Scheitelpunkt der folgenden Parabel auf drei verschiedene Arten:

$$f(x) = -2x^2 + 8x - 3{,}5$$

**Aufgabe 25**

Bestimmen Sie den Scheitelpunkt der folgenden Parabel auf drei verschiedene Arten:

$$f(x) = 3x^2 - 18x + 24$$

**Aufgabe 26**

Bestimmen Sie die Schnittpunkte der Geraden

$$g(x) = x + 1$$

mit der quadratischen Funktion

$$f(x) = x^2 - 4x + 5$$

**Aufgabe27**

Gegeben sei die Funktion:

$$f(x) = x^4 - 5x^2 + 4$$

Untersuchen Sie das Monotonie- und Krümmungsverhalten der Funktion.

### 3.1.2 Differentialrechnung – Anwendungen

**Aufgabe 28**

Bei der Produktion der Menge $x$ eines Gutes entstehen Kosten gemäß der Kostenfunktion:

$$K(x) = 2x^2 + 8x + 138$$

Das Gut wird zu einem Stückpreis von $p = 60$ GE verkauft.

a) Bestimmen Sie die Gewinnschwelle.

b) Bestimmen Sie den maximalen Gewinn.

**Aufgabe 29**

Gegeben sei die Kostenfunktion:

$$K(x) = x^2 + 2000$$

Das erzeugte Gut wird zu einem Stückpreis von $p = 100$ GE verkauft. Bestimmen Sie die Stückkosten-, Grenzkosten-, Umsatz-, Grenzumsatz- und Gewinnfunktion.

**Aufgabe 30**

Gegeben sei die Preis-Absatz-Funktion:

$$x(p) = 3000 - 300p$$

a) Wird die Preiselastizität positiv oder negativ sein?

b) Ab welchem Preis ist die Nachfrage elastisch?

**Aufgabe 31**

Der Gewinn $G$ eines Unternehmens hängt von der Ausbringungsmenge $x$ gemäß folgender Funktion ab:

$$G(x) = -3x^2 + 300x - 1500$$

Bestimmen Sie die Ausbringungsmenge, für die der Gewinn maximal ist. Welcher Gewinn wird bei dieser Ausbringungsmenge erzielt?

## Aufgabe 32

Der Buchhaltung eines Unternehmens liegen für die letzten beiden Jahre folgende Daten vor:

| Jahr | Menge | Gesamtkosten |
|---|---|---|
| 1 | 1000 | 15 000 |
| 2 | 2000 | 20 000 |

Bestimmen Sie die Stückkostenfunktion.

## Aufgabe 33

Der Preis eines von uns produzierten Gutes hängt von der Menge $x$ gemäß folgender Funktion ab:

$$p(x) = 10000 - 100x$$

Die dabei entstehenden Kosten seien

$$K(x) = 50000 + 3000x$$

Bestimmen Sie die Menge, bei der der Gewinn maximal wird. Wie hoch ist dieser maximale Gewinn?

## Aufgabe 34

Gegeben sei die ertragsgesetzliche Produktionsfunktion:

$$x(r) = -r^3 + 15r^2$$

Bestimmen Sie:

a) die maximale Grenzproduktivität und

b) den maximalen Output.

**Aufgabe 35**

Gegen sei eine Preis-Absatz-Funktion:

$$p(x) = -\frac{1}{3}x + 9 \; (0 \leq x \leq 27)$$

und eine Kostenfunktion:

$$K(x) = 3x^2 - 21x + 36$$

Bestimmen Sie

a) den maximalen Umsatz,

b) den maximalen Gewinn,

c) den Break-Even-Point.

## 3.1.3 Integralrechnung – Grundlagen

**Aufgabe 36**

a) Bestimmen Sie das folgende Integral:

$$\int 3x\mathrm{e}^{-\frac{x}{2}}\mathrm{d}x$$

b) Berechnen Sie folgendes Integral mithilfe der partiellen Integration:

$$\int_2^2 \left(x^2 + x + 1\right)\mathrm{e}^x \mathrm{d}x$$

c) Bestimmen Sie $a > 0$ so, dass gilt:

$$\int_0^a 3x^2 \mathrm{d}x = 64$$

**Aufgabe 37**

Bestimmen Sie für die Funktion:

$$f(x) = 2x^2 - 14x + 24$$

den Flächeninhalt zwischen der Kurve und der $x$-Achse im Bereich zwischen $x = 2$ und $x = 6$.

**Aufgabe 38**

Gegeben sei die Funktion:

$$f(x) = -(x-3)^2 + 1$$

Berechnen Sie den Flächeninhalt, der sich im Bereich von -4 bis 4 zwischen dem Graphen dieser Funktion und der $x$-Achse befindet.

## 3.1.4 Integralrechnung – Anwendungen

**Aufgabe 39**

Der Grenzsteuersatz der Einkommensteuer habe folgenden Verlauf: Bis 10 000,00 EUR zahlt man keine Steuern. Danach steigt der Steuersatz linear an, bis bei 60 000,00 EUR ein Steuersatz von 50 % erreicht wird. Bei höheren Einkommen bleibt der Steuersatz konstant bei 50 %.

a) Wieviel Einkommensteuer müssen Sie bei einem Jahreseinkommen von 40 000,00 EUR zahlen?

b) Wieviel Einkommensteuer müssen Sie bei einem Jahreseinkommen von 100 000,00 EUR zahlen?

**Aufgabe 40**

Auf dem Markt eines Gutes gelten folgende Angebots- und Nachfragefunktion:

$$p_N(x) = -3x + 60$$

$$p_A(x) = 2x + 10$$

Bestimmen Sie die Konsumenten- und Produzentenrente.

**Aufgabe 41**

Die Grenzkostenfunktion lautet

$$K'(x) = 2x + 3$$

die Fixkosten betragen 40 GE. Der Marktpreis sei $p = 63$ GE. Wie groß ist der maximale Gewinn?

## 3.2 Lösungen

**Lösung zu Aufgabe 18**

a) Für den Achsenabschnitt (den Schnittpunkt der Geraden mit der $y$-Achse) setzen wir in der Geradengleichung für $x = 0$ ein und erhalten $y = 1$.

   Für die Nullstelle setzen wir in der Geradengleichung $y = 0$:
   $2x + 1 = 0 \Rightarrow 2x = -1 \Rightarrow x = -\frac{1}{2}$.

b) Die allgemeine Geradengleichung lautet $y = mx + b$, wobei für die Steigung gilt: $m = \frac{\Delta y}{\Delta x} = \frac{24 - 10}{4 - 2} = \frac{14}{2} = 7$.
   Diese sowie die Koordinaten eines der beiden Punkte (wir wählen den ersten, weil wir uns von kleineren Werten einen geringeren Rechenaufwand versprechen) setzen wir in die allgemeine Geradengleichung ein: $10 = 7 \times 2 + b \Rightarrow b = -4$.

Also lautet die Geradengleichung $y = 7x - 4$. Für die Nullstelle setzen wir $y = 0$ und formen nach $x$ um: $0 = 7x - 4 \Rightarrow x = \frac{4}{7}$.

c) Die beiden Gleichungen lauten: $y = 2x + 1, y = 7x - 4$.

Wenn das schon so schön aufbereitet ist, bietet sich zur Lösung an, dass wir die rechten Seiten gleichsetzen:

$2x + 1 = 7x - 4 \Rightarrow 5x = 5 \Rightarrow x = 1$.

Eingesetzt in eine beliebige der beiden Gleichungen (wir nehmen die erste) erhalten wir $y = 3$. Also lautet der gesuchte Schnittpunkt (1; 3).

### Lösung zu Aufgabe 19

Da es sich um ein Polynom 3. Grades handelt, müssen wir zunächst eine Nullstelle „raten" und dann mittels Polynomdivision eine quadratische Funktion erzeugen, deren Nullstellen wir dann mit der p-q-Formel bestimmen können.

Beim „Raten" gehen wir systematisch vor und probieren nacheinander für $x$ die Werte 1, -1, 2, -2, 3 und -3 aus, und wenn es sich um eine einigermaßen vernünftige Aufgabe handelt, war bis dahin eine Nullstelle dabei. Bei uns klappt schon $x = 1$, sodass wir bei der Polynomdivision durch $x - 1$ teilen:

$$x^3 - 6x^2 + 11x - 6 = (x-1)(x^2 - 5x + 6)$$

$$\underline{-(x^3 - x^2)}$$

$$-5x^2 + 11x$$

$$\underline{-(-5x^2 + 5x)}$$

$$6x - 6$$

$$\underline{-(-6x - 6)}$$

$$0$$

Die Nullstellen der quadratischen Funktion, die wir erhalten haben, bestimmen wir mit der p-q-Formel:

$$x_{1,2} = -\frac{p}{2} \pm \sqrt{\frac{p^2}{4} - q} = 2{,}5 \pm \sqrt{6{,}25 - 6} = 3/2$$

Also sind die Nullstellen der Funktion insgesamt 1, 2 und 3.

### Lösung zu Aufgabe 20

Da wir es jetzt mit einer Funktion 4. Grades zu tun haben, müssen wir zwei Polynomdivisionen durchführen. Nach unserer Rate-Methode probieren wir zunächst $x = 1$ aus. Leider ist dies keine Nullstelle, denn nach Einsetzen bekommen wir den Funktionswert 24 heraus. Aber die $-1$ liefert den gewünschten Funktionswert 0, daher dividieren wir durch $x + 1$.

$$x^4 - 2x^3 - 13x^2 + 14x + 24 = (x+1)\left(x^3 - 3x^2 - 10x + 24\right)$$

$$\underline{-\left(x^4 + x^3\right)}$$

$$-3x^3 - 13x^2$$

$$\underline{-\left(-3x^3 - 3x^2\right)}$$

$$-10x^2 + 14x$$

$$\underline{-\left(-10x^2 - 10x\right)}$$

$$24x + 24$$

$$\underline{-\left(24x + 24\right)}$$

$$0$$

Für die Funktion 3. Grades kann 1 keine Nullstelle sein, sonst hätten wir das schon ganz am Anfang beim Einsetzen der 1 herausbekommen. Aber die $-1$ könnte noch eine Nullstelle sein, also setzen wir die jetzt für $x$ ein. Als Funktionswert kommt heraus 30, also geht es bei uns weiter im Text mit $x = 2$, und diesmal klappt es. Also teilen wir die Funktion durch $x - 2$.

$$x^3-3x^2-10x+24=(x-2)(x^2-x-12)$$

$$\underline{-(x^3-2x^2)}$$

$$-x^2-10x$$

$$\underline{-(-x^2+2x)}$$

$$-12x+24$$

$$\underline{-(-12x+24)}$$

$$0$$

Die Nullstellen der quadratischen Funktion sind nach der p-q-Formel:

$$x_{1,2}=-\frac{p}{2}\pm\sqrt{\frac{p^2}{4}-q}=0{,}5\pm\sqrt{0{,}25+12}=4\,/-3$$

Also sind die Nullstellen unserer Ausgangsfunktion insgesamt -1, 2, -3 und 4.

### Lösung zu Aufgabe 21

Es empfiehlt sich, Wurzeln als Potenzfunktionen zu schreiben. Exponentialfunktionen mit einer anderen Basis als e müssen mithilfe der Basis e ausgedrückt werden, denn nur für diese Exponentialfunktion kennen wir die Ableitung.

a) $f'(x)=15x^4-8x^3+12x^2-2x+3$

b) $f'(x)=\frac{1}{x}+\frac{1}{x^2}$

c) $f(x)=x^{\frac{1}{2}}\ln(x)\Rightarrow f'(x)=\frac{1}{2}x^{-\frac{1}{2}}\frac{1}{x}=\frac{1}{2}x^{-\frac{3}{2}}$

d) $f'(x)=\frac{2(x^2-1)-2x2x}{(x^2-1)^2}=\frac{-2x^2-2}{(x^2-1)^2}$

e) $f'(x) = e^{2x^2+3x}(4x+3)$

f) $f(x) = \left(e^{\ln(2)}\right)^x = e^{x\ln(2)} \Rightarrow f'(x) = e^{x\ln(2)}\ln(2)$

## Lösung zu Aufgabe 22

Auch hier greifen wir auf den Trick mit der Potenz- statt einer Wurzelfunktion zurück. Und auch wenn die Funktionen abschreckend aussehen: einfach stur und stumpfsinnig die Ableitungsregeln anwenden und erst im zweiten Schritt das Ergebnis hübsch machen. Und ein Hinweis: Bei der Kettenregel nicht die innere Ableitung vergessen!

a) $f'(x) = 2 \times 5(3x-4)^4 \times 3 + \frac{1}{3}(x^3-2)^{-\frac{2}{3}} \times 3x^2 = 30(3x-4)^4 + x^2(x^3-2)^{-\frac{2}{3}}$

b) $f'(x) = 1 \times \ln(x) + x \times \frac{1}{x} = \ln(x) + 1$

c) $f'(x) = \dfrac{7 \times (x+3)^4 - (7x-2) \times 4 \times (x+3)^3}{(x+3)^8} = \dfrac{7 \times (x+3) - 4 \times (7x-2)}{(x+3)^5}$

$= \dfrac{-21x+29}{(x+3)^5}$

d) $f'(x) = 8x e^{2x^3+5} + 4x^2 e^{2x^3+5} \times 6x^2 = e^{2x^3+5}\left(8x + 24x^4\right)$

## Lösung zu Aufgabe 23

Zunächst bestimmen wir die ersten drei Ableitungen. Für die Extrempunkte wird die erste Ableitung gleich null gesetzt. Die Lösungen werden in die zweite Ableitung eingesetzt, ist die dann positiv, handelt es sich um einen Tiefpunkt, ist sie negativ, um einen Hochpunkt. Für die Wendepunkte geht man eine Ableitung weiter: Die zweite Ableitung wird null gesetzt, ist die dritte Ableitung positiv, ist es ein Rechts-Links-Wendepunkt, ist sie negativ, ein Links-Rechts-Wendepunkt. Die zu den berechneten $x$-Werten zugehörigen $y$-Werte, die man ja für die Angabe der Punkte braucht, erhält man durch Einsetzen der $x$-Werte in die Ausgangsfunktion.

a) $f'(x)=2x-6, f''(x)=2, f'''(x)=0$

$2x-6=0 \Rightarrow x=3 \;\; f''(3)=2>0 \Rightarrow (3;-2)$ ist Tiefpunkt

kein Wendepunkt (Funktion ist eine Parabel, die ist entweder komplett links- oder rechtsgekrümmt).

b) $f'(x)=\mathrm{e}^{-x}-x\mathrm{e}^{-x}=(1-x)\mathrm{e}^{-x}$

$f''(x)=-\mathrm{e}^{-x}-(1-x)\mathrm{e}^{-x}=-(2-x)\mathrm{e}^{-x}$

$f'''(x)=\mathrm{e}^{-x}-(2-x)\mathrm{e}^{-x}=-(1-x)\mathrm{e}^{-x}$

$(1-x)\mathrm{e}^{-x}=0 \Rightarrow x=1 \;\; f''(1)=-\mathrm{e}^{-1}<0$

$\Rightarrow (1;\mathrm{e}^{-1})$ ist Hochpunkt

$-(2-x)\mathrm{e}^{-x}=0 \Rightarrow x=2 \;\; f'''(2)=\mathrm{e}^{-2}>0$

$\Rightarrow (2;2\mathrm{e}^{-2})$ ist Rechts-Links-Wendepunkt

c) $f'(x)=6x^2-24x+18, f''(x)=12x-24, f'''(x)=12$

$6x^2-24x+18=0 \Rightarrow x^2-4x+3=0 \Rightarrow x=2\pm\sqrt{2^2-3}=3/1$

$f''(3)=12>0 \Rightarrow (3;-3)$ TP

$f''(1)=-12>0 \Rightarrow (1;5)$ HP

$12x-24=0 \Rightarrow x=2 \;\; f'''(2)=12>0$

$\Rightarrow (2;1)$ ist Rechts-Links-Wendepunkt

d) $f'(x)=\ln(x)+1, f''(x)=\dfrac{1}{x}, f'''(x)=-\dfrac{1}{x^2}$

$\ln(x)+1=0 \Rightarrow \ln(x)=-1 \Rightarrow x=\mathrm{e}^{-1} \;\; f''(\mathrm{e}^{-1})=\mathrm{e}>0$

$\Rightarrow (\mathrm{e}^{-1};-\mathrm{e}^{-1})$ ist Tiefpunkt

kein Wendepunkt.

### Lösung zu Aufgabe 24

Man kann den Scheitelpunkt einer Parabel auf drei verschiedene Arten bestimmen: direkt durch die Scheitelpunktform, als Extrempunkt der Parabel oder als eine Stelle, die genau in der Mitte zwischen den Nullstellen liegt.

- Bestimmung der Scheitelpunktform mithilfe der quadratischen Ergänzung:

  $$\begin{aligned}-2x^2+8x-3{,}5 &= -2\left(x^2-4x\right)-3{,}5\\ &= -2\left(x^2-4x+4-4\right)-3{,}5\\ &= -2\left(\left(x-2\right)^2-4\right)-3{,}5\\ &= -2\left(x-2\right)^2+8-3{,}5\\ &= -2\left(x-2\right)^2+8\end{aligned}$$

  Der Scheitelpunkt ist also bei (2; 4,5).

- Der Scheitelpunkt einer Parabel ist ihr Extrempunkt.

  $$f'\left(x\right)=-4x+8=0\Rightarrow x=2$$
  $$f''\left(x\right)=-4<0\Rightarrow\left(2;4{,}5\right)\mathrm{HP}$$

- Aufgrund der Symmetrie der Parabel liegt der Scheitelpunkt in der Mitte zwischen den Nullstellen, die wir etwa mithilfe der p-q-Formel bestimmen.

  $$\begin{aligned}-2x^2+8x-3{,}5=0 &\Rightarrow x^2-4x+1{,}75=0\\ &\Rightarrow x=2\pm\sqrt{2^2-1{,}75}=3{,}5\,/\,0.5\end{aligned}$$

  Der *x*-Wert des Scheitelpunktes muss also 2 sein, durch Einsetzen in die Funktion erhalten wir den *y*-Wert 4,5.

### Lösung zu Aufgabe 25

- Bestimmung der Scheitelpunktform mithilfe der quadratischen Ergänzung: $3x^2-18x+24=3\left(x^2-6x\right)+24$

$$\begin{aligned} &= 3\left(x^2-6x+9-9\right)+24 \\ &= 3\left(\left(x-3\right)^2-9\right)+24 \\ &= 3\left(x-3\right)^2-27+24 \\ &= 3\left(x-3\right)^2-3 \end{aligned}$$

  Der Scheitelpunkt ist also bei (3; -3).

- Der Scheitelpunkt einer Parabel ist ihr Extrempunkt.

  $f'\left(x\right)=6x-18=0 \Rightarrow x=3$

  $f''\left(x\right)=6>0 \Rightarrow \left(3;-3\right)\text{TP}$

- Aufgrund der Symmetrie der Parabel liegt der Scheitelpunkt in der Mitte zwischen den Nullstellen, die wir etwa mithilfe der p-q-Formel bestimmen.

  $3x^2-18x+24=0 \Rightarrow x^2-6x+8=0 \Rightarrow x=3\pm\sqrt{3^2-8}=4/2$

  Der $x$-Wert des Scheitelpunktes muss also 3 sein, durch Einsetzen in die Funktion erhalten wir den $y$-Wert -3.

### Lösung zu Aufgabe 26

Wir setzen die Funktionen gleich, und durch Lösung der Gleichung erhalten wir die $x$-Koordinaten der Schnittpunkte:

$$\begin{aligned} f\left(x\right)=g\left(x\right) &\Rightarrow x^2-4x+5=x+1 \Rightarrow x^2-5x+4=0 \\ &\Rightarrow x=2{,}5\pm\sqrt{2{,}5^2-4}=4/1 \end{aligned}$$

Durch Einsetzen der $x$-Werte in eine der Funktionen (in welche, ist egal, da es sich ja um Schnittpunkte der beiden Funktionen handelt und das gleiche Ergebnis herauskommen würde) erhalten wir die zugehörigen $y$-Werte, so dass es folgende Schnittpunkte gibt: (4; 5) und (1; 2).

**Lösung zu Aufgabe 27**

Zunächst berechnen wir die Ableitungen:
$f'(x) = 4x^3 - 10x \quad f''(x) = 12x^2 - 10 \quad f'''(x) = 24x$

Das Monotonie- oder Steigungsverhalten einer Funktion ändert sich an den Extremstellen: bei einem Maximum von steigend zu fallend, bei einem Minimum von fallend zu steigend.

Für Extremstellen muss die erste Ableitung gleich Null sein:
$4x^3 - 10x = 0 \Rightarrow 2x(2x^2 - 5) = 0 \Rightarrow x = 0 \,/\, \pm\sqrt{2{,}5}$

$$f''(0) < 0 \rightarrow \text{max}$$
$$f''(\pm\sqrt{2{,}5}) > 0 \rightarrow \text{min}$$

Das Monotonieverhalten ist also:

- $-\infty < x < -\sqrt{2{,}5}$ : monoton fallend
- $-\sqrt{2{,}5} < x < 0$ : monoton steigend
- $0 < x < \sqrt{2{,}5}$ : monoton fallend
- $\sqrt{2{,}5} < x < \infty$ : monoton steigend

Das Krümmungsverhalten ändert sich an den Wendestellen. In welcher Art, verraten die Namen: Es gibt Rechts-Links- und Links-Rechts-Wendestellen.

Für Wendestellen muss die zweite Ableitung gleich Null sein:

$12x^2 - 10 = 0 \Rightarrow x = \pm\sqrt{\frac{5}{6}}$ .

$$f'''\left(-\sqrt{\frac{5}{6}}\right) < 0 \rightarrow \text{L} - \text{R}$$
$$f'''\left(\sqrt{\frac{5}{6}}\right) > 0 \rightarrow \text{R} - \text{L}$$

Das Krümmungsverhalten ist also:

- $-\infty < x < -\sqrt{\frac{5}{6}}$ : linksgekrümmt

- $-\sqrt{\frac{5}{6}} < x < \sqrt{\frac{5}{6}}$ : rechtsgekrümmt
- $\sqrt{\frac{5}{6}} < x < \infty$ : linksgekrümmt

**Lösung zu Aufgabe 28**

a) Gewinn ist Umsatz minus Kosten, Umsatz ist Preis mal Menge. Also basteln wir unsere Gewinnfunktion zusammen:

$$G(x) = px - K(x) = 60x - \left(2x^2 + 8x + 138\right) = -2x^2 + 52x - 138$$

Für die Gewinnschwelle rechnen wir aus, wo der Gewinn Null ist: $-2x^2 + 52x - 138 = 0 \Rightarrow x^2 - 26x + 69 = 0 \Rightarrow x = 13 \pm \sqrt{13^2 - 69} = 23 / 3.$

Bei der Nullstelle 3 wird der Gewinn eben positiv, also ist das unsere Gewinnschwelle.

b) Das Maximum bestimmen wir auf bewährte Weise durch Ableiten und Nullsetzen.

$$G'(x) = -4x + 52 = 0 \Rightarrow x = \frac{52}{4} = 13$$

$$G''(13) = -4 < 0 \rightarrow \text{max}$$

$$G(35) = 780 - 580 = 200$$

**Lösung zu Aufgabe 29**

In der Reihenfolge:

$$k(x) = \frac{K(x)}{x} = \frac{x^2 + 2000}{x} = x + \frac{2000}{x}$$

$$K'(x) = 2x$$

$$U(x) = 100x$$

$$U'(x) = 100$$

$$G(x) = U(x) - K(x) = 100x - \left(x^2 + 2000\right) = -x^2 + 100x - 2000$$

**Lösung zu Aufgabe 30**

Unter der Elastizität einer Größe versteht man die relative Änderung des Funktionswertes im Verhältnis zur relativen Änderung der Variablen:

$$\frac{\dfrac{f(x+\Delta x)-f(x)}{f(x)}}{\dfrac{\Delta x}{x}}=\frac{x}{f(x)}\frac{f(x+\Delta x)-f(x)}{\Delta x}\to\frac{x}{f(x)}f'(x),\Delta x\to 0$$

a) Die Preis-Absatz-Funktion hat eine negative Steigung, bei wachsendem Preis sinkt also die Absatzmenge. Wir erwarten also eine negative Elastizität.

b) $\varepsilon=\frac{p}{x(p)}x'(p)=\frac{p}{3000-300p}(-300)=-\frac{300p}{3000-300p}$

Für $|\varepsilon|<1$ reagiert der Absatz unelastisch, für $|\varepsilon|>1$ elastisch. Unter Berücksichtigung von Aufgabe a) setzen wir also:

$$-\frac{300p}{3000-300p}=-1\Rightarrow 300p=3000-300p\Rightarrow 600p=3000\Rightarrow p=5.$$

Ab einem Preis von 5 ist die Absatzmenge also elastisch (reagiert stark auf Preisänderungen).

**Lösung zu Aufgabe 31**

Wir müssen die Gewinnfunktion ableiten und gleich Null setzen. Mit der zweiten Ableitung überzeugen wir uns, dass wir tatsächlich ein Maximum erhalten.

$$G'(x)=-6x+300=0\Rightarrow x=50$$

$$G''(x)=-6<0\to\max$$

$$G(50)=6000$$

### Lösung zu Aufgabe 32

Menge und Gesamtkosten können wir als *x*- und *y*-Wert eines Punktes auffassen. Damit müssen wir nun zu zwei Punkten die entsprechende Gerade bestimmen.

$$m = \frac{\Delta y}{\Delta x} = \frac{20000 - 15000}{2000 - 1000} = 5$$

Zusammen mit dem ersten Punkt erhalten wir:
$15000 = 5 \times 1000 + b \Rightarrow b = 10000.$

Wir haben also folgende Kostenfunktion: $K(x) = 5x + 10000$.

Wenn wir die Kostenfunktion durch die Menge $x$ teilen, erhalten wir die Stückkostenfunktion: $k(x) = \frac{K(x)}{x} = \frac{5x + 10000}{x} = 5 + \frac{10000}{x}$.

### Lösung zu Aufgabe 33

Gewinn ist Umsatz minus Kosten, Umsatz ist Preis mal Menge. Also basteln wir unsere Gewinnfunktion zusammen:

$$\begin{aligned} G(x) &= p(x)x - K(x) = (10000 - 100x)x - (50000 + 3000x) \\ &= -100x^2 + 7000x - 50000 \end{aligned}.$$

Das Maximum bestimmen wir auf bewährte Weise durch Ableiten und Nullsetzen.

$$G'(x) = -200x + 7000 = 0 \Rightarrow x = \frac{7000}{200} = 35$$

$$G''(35) = -200 < 0 \rightarrow \max$$

$$G(35) = 227500 - 155000 = 72500$$

### Lösung zu Aufgabe 34

Wir berechnen zunächst die nötigen Ableitungen: $x(r) = -r^3 + 15r^2$.

$$x'(r) = -3r^2 + 30\mathrm{r}$$

$$x''(r) = -6\mathrm{r} + 30$$

$$x'''(r) = -6$$

a) Die maximale Grenzproduktivität ist dort erreicht, wo bei der Produktionsfunktion das progressive in degressives Wachstum umschlägt, also am Links-Rechts-Wendepunkt. Diese Stelle wird auch Schwelle des Ertragsgesetzes genannt.

$$x''(r) = -6r + 30 = 0 \Rightarrow r = 5$$

$$x'''(5) = -6 < 0 \rightarrow \text{Links-Rechts-Wendepunkt}$$

$$x'(5) = 75$$

Die Ableitung der Produktionsfunktion ist ja die Grenzproduktivität, also ist die maximale Grenzproduktivität 75.

b) Wir bestimmen das Maximum der Funktion:

$$x'(r) = -3r^2 + 30r = 3r(-r + 10) = 0 \Rightarrow r = 0/10.$$

$$x''(0) = 30 > 0 \rightarrow \min$$
$$x''(10) = -30 < 0 \rightarrow \max$$

$$x(10) = -1000 + 1500 = 500$$

Also ist der maximale Output 500.

**Lösung zu Aufgabe 35**

a) Den Umsatz erhält man, wenn man den Preis mit der Menge multipliziert. Für diese Funktion bestimmt man den Hochpunkt.

$$U(x) = p(x)x = \left(-\frac{1}{3}x + 9\right)x = -\frac{1}{3}x^2 + 9x$$

$$U'(x) = -\frac{2}{3}x + 9 = 0 \times \frac{2}{3}x = 9 \times x = 13{,}5$$

$$U''(x) = -\frac{2}{3} < 0$$

$$U(13{,}5) = 60{,}75$$

b) Elementares BWL-Wissen: Gewinn ist Umsatz minus Kosten. Von der Gewinnfunktion wird der Hochpunkt gesucht.

$$G(x) = U(x) - K(x) = -\frac{1}{3}x^2 + 9x - \left(3x^2 - 21x + 36\right)$$
$$= -\frac{10}{3}x^2 + 30x - 36$$

$$G'(x) = -\frac{20}{3}x + 30 = 0 \times x = 4{,}5$$

$$G''(x) = -\frac{20}{3} < 0$$

$$G(4{,}5) = 31{,}5$$

c) Bis zum Break-Even-Point sind die Kosten größer als der Umsatz, danach ist es umgekehrt. Beim Break-Even-Point selbst sind Umsatz und Kosten gleich, der Gewinn also null.

$$G(x) = U(x) - K(x) = 0 \times -\frac{10}{3}x^2 + 30x - 36 = 0 \times x^2 - 9x + 10{,}8 = 0$$

$$x = 4{,}5 \pm \sqrt{4{,}5^2 - 10{,}8} = 7{,}57\,/\,1{,}43$$

Wenn man sich die Gewinnfunktion vorstellt, so ist es eine nach unten geöffnete Parabel. Bei der kleineren Nullstelle wird der Gewinn gerade positiv, bei der größeren Nullstelle wird der Gewinn wieder negativ. Also ist der Break-Even-Point bei 1,43.

**Lösung zu Aufgabe 36**

a) Die Stammfunktion lautet $-6x\mathrm{e}^{-\frac{x}{2}} - 12\mathrm{e}^{-\frac{x}{2}}$.

Dies überprüft man durch Ableiten, wobei man beim ersten Summanden die Produktregel berücksichtigen muss.

b) Für die partielle Integration wählen wir $u = x^2 + x + 1$ und $v' = \mathrm{e}^x$. Damit ist $u' = 2x + 1$ und $v = \mathrm{e}^x$:

$$\int \left(x^2 + x + 1\right)\mathrm{e}^x = \left(x^2 + x + 1\right)\mathrm{e}^x - \int (2x + 1)\mathrm{e}^x$$

Das letzte Integral lösen wir nochmal durch eine partielle Integration: $u = 2x + 1, v' = \mathrm{e}^x \Rightarrow u' = 2, v = \mathrm{e}^x$.

Wir erhalten also: $\int(2x+1)\mathrm{e}^x = (2x+1)\mathrm{e}^x - \int 2\mathrm{e}^x$.

Insgesamt ergibt sich: $\int\left(x^2+x+1\right)\mathrm{e}^x dx = \left(x^2-x+2\right)\mathrm{e}^x$.

In die Stammfunktion setzen wir als Obergrenze 2 und als Untergrenze 0 ein (gesucht ist ja ein bestimmtes Integral) und erhalten $4\mathrm{e}^2 - 2$.

c) $\int_0^a 3x^2 \mathrm{d}x = \left[x^3\right]_0^a = a^3 = 64 \times a = 4$

## Lösung zu Aufgabe 37

Ein bestimmtes Integral kann man als Fläche zwischen einer Funktion und der $x$-Achse verstehen. Verläuft die Funktion oberhalb der $x$-Achse, ist das Integral positiv, verläuft die Funktion unterhalb der $x$-Achse, ist das Integral negativ. Wenn man jetzt einfach drauflos integrieren würde, würden sich die positiven und negativen Werte gegenseitig aufheben. Wenn jetzt also ein Flächeninhalt gefragt ist, müssen wir bei den negativen Integralen das Vorzeichen ändern. Dazu müssen wir die Nullstellen bestimmen. Mein Mathelehrer hat früher immer gesagt: „Nie über Nullstellen hinwegintegrieren!"

Als erstes müssen wir also schauen, ob die Funktion im fraglichen Bereich Nullstellen hat.

$$2x^2 - 14x + 24 = 0 \times x^2 - 7x + 12 = 0 \times x = 3{,}5 \pm \sqrt{3{,}5^2 - 12} = 4/3$$

Wir müssen also drei getrennte Integrale bestimmen. In jedem Fall benötigen wir die Stammfunktion.

$$F(x) = \frac{2}{3}x^3 - 7x^2 + 24x$$

$$\int_2^3 f(x)\mathrm{d}x = \left[F(x)\right]_2^3 = \frac{5}{3}$$

$$\int_3^4 f(x)\mathrm{d}x = \left[F(x)\right]_3^4 = -\frac{1}{3}$$

$$\int_4^6 f(x)\mathrm{d}x = \left[F(x)\right]_4^6 = \frac{28}{3}$$

Die Beträge der Integrale geben die entsprechenden Flächeninhalte an. Der negative Wert für das zweite Integral bedeutet, dass die Flächen unterhalb der $x$-Achse liegt. Da ein Flächeninhalt nicht negativ sein kann, müssen wir den Betrag nehmen und die drei Teilflächen addieren:

$$A=\frac{5}{3}+\frac{1}{3}+\frac{28}{3}=\frac{34}{3}.$$

### Lösung zu Aufgabe 38

Die Nullstellen der Funktion bestimmen wir am schnellsten durch Umformung:

$$-(x-3)^2+1=0\times(x-3)^2=1\times x=3\pm1=4/2$$

Wir müssen also zwei getrennte Integrale bestimmen. In jedem Fall benötigen wir die Stammfunktion.

$$F(x)=-\frac{1}{3}x^3+3x^2-8x$$

$$\int_{-4}^{2} f(x)\mathrm{d}x=\left[F(x)\right]_{-4}^{2}=-108$$

$$\int_{2}^{4} f(x)\mathrm{d}x=\left[F(x)\right]_{2}^{4}=\frac{4}{3}$$

Wir nehmen die Beträge und addieren die Werte, um den Flächeninhalt zu bestimmen: $A=108+\frac{4}{3}=\frac{328}{3}=109{,}33$.

### Lösung zu Aufgabe 39

Der Steuerbetrag ist die Fläche unter der Kurve des Grenzsteuersatzes. Bis 10 000 und ab 60 000 haben wir es mit kontanten Funktionen zu tun. Wir müssen nur die Geradengleichung dazwischen bestimmen. Die Gerade geht durch die beiden Punkte (10 000; 0) und (50 000; 0,5).

$$m=\frac{\Delta y}{\Delta x}=\frac{0{,}5-0}{60000-10000}=\frac{1}{100000}$$

In die Geradengleichung $y = mx + b$ eingesetzt (wir nehmen den ersten Punkt) ergibt sich: $0 = \frac{10000}{100000} + b \times b = -\frac{1}{10000} \times y = \frac{1}{100000}x - \frac{1}{10000}$.

Also lautet die Funktion insgesamt:

$$f(x) = \begin{cases} 0\,, & 0 \leq x \leq 10000 \\ \frac{1}{100000}x - \frac{1}{10000}\,, & 10000 < x \leq 60000 \\ 0{,}5\,, & x > 60000 \end{cases}$$

a) $$\int_0^{40000} f(x)\mathrm{d}x = \int_{10000}^{40000} \left( \frac{1}{100000}x - \frac{1}{10000} \right) \mathrm{d}x = 7497$$

b) $$\int_0^{100000} f(x)\mathrm{d}x = \int_{10000}^{60000} \left( \frac{1}{100000}x - \frac{1}{10000} \right) \mathrm{d}x + \int_{60000}^{100000} 0{,}5\mathrm{d}x$$
$$= 17495 + 20000 = 37495$$

**Lösung zu Aufgabe 40**

Zunächst muss man die Gleichgewichtsmenge und den Gleichgewichtspreis bestimmen. Das sind die Koordinaten des Schnittpunktes der beiden Geraden.

$$-3x + 60 = 2x + 10 \times 5x = 50 \times x^* = 10 \times p^* = 2 \times 10 + 10 = 30$$

Die Konsumentenrente ist die Fläche zwischen der Nachfragefunktion und der Konstanten, die durch den Gleichgewichtspreis gegeben ist:

$$\int_0^{x^*} p_{\mathrm{N}}(x)\mathrm{d}x - p^* x^* = \int_0^{10} (-3\mathrm{x} + 60)\mathrm{d}x - 30 \times 10$$
$$= \left[ -1{,}5x^2 + 60x \right]_0^{10} - 300 = 150.$$

Die Produzentenrente ist die Fläche zwischen dem konstanten Gleichgewichtspreis und der Angebotsfunktion:

$$p^* x^* - \int_0^{x^*} p_A(x)\mathrm{d}x = 30 \times 10 - \int_0^{10} (2\mathrm{x} + 10)\mathrm{d}x = 300 - \left[x^2 + 10x\right]_0^{10} = 100.$$

**Lösung zu Aufgabe 41**

Aus den Grenzkosten (also der Ableitung der Kostenfunktion) ist die Kostenfunktion zu bestimmen. Diese ist das unbestimmte Integral. Für die gesuchte Stammfunktion sind auch die gegebenen fixen Kosten zu berücksichtigen. Der Marktpreis ergibt multipliziert mit der Menge den Umsatz. Das alles wird zur Gewinnfunktion zusammengebastelt, die zu maximieren ist.

$$K(x) = \int (2x + 3)\mathrm{d}x = x^2 + 3x + c = x^2 + 3x + 40$$

$$G(x) = px - K(x) = 63x - \left(x^2 + 3x + 40\right) = -x^2 + 60x - 40$$

$$G'(x) = -2x + 60 = 0 \times x = 30$$

$$G''(30) = -2 < 0$$

$$G(30) = 860$$

# 4 Lineare Algebra

## 4.1 Aufgaben

### 4.1.1 Grundlagen

**Aufgabe 42**

Gegeben seien folgende Matrizen $A$ und $B$:

$$A = \begin{pmatrix} 4 & 5 \\ 0 & -6 \\ 3 & 4 \end{pmatrix} \quad B = \begin{pmatrix} 1 & 3 & 2 \\ -3 & -8 & -4 \end{pmatrix}$$

Bestimmen Sie - wenn möglich - die Matrizen $AB$, $A^TB$, $BA$ und $B^TA$.

**Aufgabe 43**

Gegeben sei folgende Matrix $C$:

$$C = \begin{pmatrix} 0 & 1 & 1 \\ 2 & -2 & 2 \\ 1 & 0 & 0 \end{pmatrix}$$

a) Bestimmen Sie mithilfe des Gauß-Verfahrens die inverse Matrix.

b) Ändern Sie einen Eintrag in der Matrix $C$, sodass die dadurch entstehende neue Matrix keine Inverse hat.

## Aufgabe 44

Lösen Sie folgende Gleichungssysteme ohne Verwendung des Gauß-Verfahrens:

a) $$\begin{aligned} 2x + y &= 10 \\ 4x - y &= 2 \end{aligned}$$

b) $$\begin{aligned} x + 2y &= 6 \\ 3x - 4y &= 8 \end{aligned}$$

c) $$\begin{aligned} 2x + y &= 10 \\ 4x - y &= 2 \end{aligned}$$

## Aufgabe 45

Lösen Sie folgendes Gleichungssystem mithilfe der inversen Matrix:

$$\begin{aligned} 2x_1 + x_2 &= 8 \\ x_1 + 3x_2 &= 9 \end{aligned}$$

## Aufgabe 46

Lösen Sie folgendes Gleichungssystem mithilfe der inversen Matrix:

$$\begin{aligned} 2x_1 + 3x_2 + x_3 &= 36 \\ 3x_1 + x_2 + 2x_3 &= 72 \\ x_1 + 2x_2 + 3x_3 &= 18 \end{aligned}$$

## Aufgabe 47

Lösen Sie folgendes Gleichungssystem mithilfe der inversen Matrix:

$$\begin{aligned} 2x_1 + x_2 - 3x_3 + x_4 &= 108 \\ x_1 + x_2 + 2x_3 + x_4 &= 108 \\ 3x_1 + 2x_2 + x_3 - 2x_4 &= 4 \\ -x_1 + 3x_2 - x_3 + 3x_4 &= 54 \end{aligned}$$

**Aufgabe 48**

Für welche Zahl $c$ hat folgendes Gleichungssystem keine eindeutige Lösung:

$$\begin{aligned} x-y+z&=0\\ 2x-4z&=4\\ 2x-2y+cz&=1 \end{aligned}$$

**Aufgabe 49**

Bestimmen Sie den Parameter $c$ so, dass das folgende Gleichungssystem eindeutig/mehrdeutig/nicht lösbar ist:

$$\begin{aligned} -x+y+cz&=3\\ cx+y-z&=3\\ -x-cy-z&=3 \end{aligned}$$

**Aufgabe 50**

Gegeben sei folgende Matrix $A$:

$$A=\begin{pmatrix} 1 & 2 & 3 \\ 0 & a-1 & 1 \\ 1 & 2 & a+1 \end{pmatrix}$$

a) Bestimmen Sie die Matrix $A\,(A^{-1} + A^{T})$.

b) Für welche Werte $a$ sind die Spalten der Matrix $A$ linear unabhängig?

**Aufgabe 51**

Bestimmen Sie die Determinante folgender Matrix $C$:

$$C=\begin{pmatrix} 2 & 0 & 0 & 2 \\ 1 & 9 & 8 & 4 \\ 1 & 8 & 6 & 0 \\ 3 & 0 & 3 & 1 \end{pmatrix}$$

### Aufgabe 52

Für welche Werte von $a$ ist

$$\begin{pmatrix} a & a^2-1 & -3 \\ a+1 & 2 & a^2+4 \\ -3 & 4a & -1 \end{pmatrix}$$

eine symmetrische Matrix?

### Aufgabe 53

Berechnen Sie $Ac$, $(E\text{-}E)c$, $c^Tb$, $bc^T$, $b^TAc$ und $A^2$ für

$$A = \begin{pmatrix} 4 & 3 & 2 \\ 1 & 0 & 1 \\ 2 & -3 & 0 \end{pmatrix}; c = \begin{pmatrix} 1 \\ 2 \\ 3 \end{pmatrix}; b = \begin{pmatrix} -3 \\ 0 \\ 1 \end{pmatrix}$$

### Aufgabe 54

Gegeben seien folgende Matrizen:

$$A = \begin{pmatrix} 3 & 0 & -2 \\ 1 & 2 & 5 \\ -3 & -1 & 0 \end{pmatrix}; B = \begin{pmatrix} 1 & -1 \\ 2 & 3 \\ 0 & -2 \end{pmatrix}; C = \begin{pmatrix} 2 & 1 \\ -3 & 4 \end{pmatrix}$$

Bestimmen Sie – falls möglich – die folgenden Matrizen: $AA$, $AC$, $BA$, $BC$, $CB$, $CC$, $AA^T$, $B^TC$, $BCB^T$.

### Aufgabe 55

Das Gleichungssystem $Ax = b$ habe die Lösung $x^T = (-3; 2; 1)$. Die Inverse zu $A$ laute

$$A^{-1} = \begin{pmatrix} 12 & 1 & 2 \\ -3 & -1 & 0 \\ 2 & -1 & 1 \end{pmatrix}$$

Berechnen Sie den Vektor $b$ und die Matrix $A$.

## 4.1.2 Anwendungen

### Aufgabe 56

In einem zweistufigen Produktionsprozess werden die Produkte P1 und P2 hergestellt. Ein Produkt P1 entsteht aus der Montage von 2 Modulen M1, 3 Modulen M2 und einem Modul M3. Für ein Produkt P2 benötigt man 5 Module M1 und 4 Module M2 sowie 3 Module M3.

In der vorhergehenden Produktionsstufe werden die Module hergestellt, und zwar Modul M1 aus 2 ME Rohstoff R1, 3 ME Rohstoff R2, 4 ME Rohstoff R3 und 5 ME Rohstoff R4. Die entsprechenden Rohstoffbedarfe für ein Modul M2 sind 3, 6, 5, 7, bei Modul M3 sind es 1, 2, 3, 4.

a) Wie viele ME der vier Rohstoffe benötigt man zur Produktion je einer ME von Produkt P1 bzw. P2?

b) Welche Mengen dieser Rohstoffe werden benötigt, wenn man 20 ME von P1 und 10 ME von P2 herstellen möchte?

### Aufgabe 57

Die innerbetrieblichen Leistungen zwischen Hilfs- und Hauptbetriebsstellen seien durch folgende Tabelle gegeben:

| | Hilfs-betrieb 1 | Hilfs-betrieb 2 | Haupt-betrieb | Gesamt-leistung | Primäre Kosten |
|---|---|---|---|---|---|
| Hilfsbetrieb 1 | 2 | 4 | 8 | 14 | 120 |
| Hilfsbetrieb 2 | 3 | 6 | 5 | 14 | 200 |

Stellen Sie das Gleichungssystem zur Bestimmung der Verrechnungspreise der beiden Hilfsbetriebsstellen auf, und lösen Sie es mit dem Gauß-Verfahren.

### Aufgabe 58

Die Struktur eines Produktes P, das sich aus zwei Zwischenprodukten Z1 und Z2 und drei Rohstoffen R1, R2 und R3 zusammensetzt, sei durch folgenden Gozinto-Graphen gegeben:

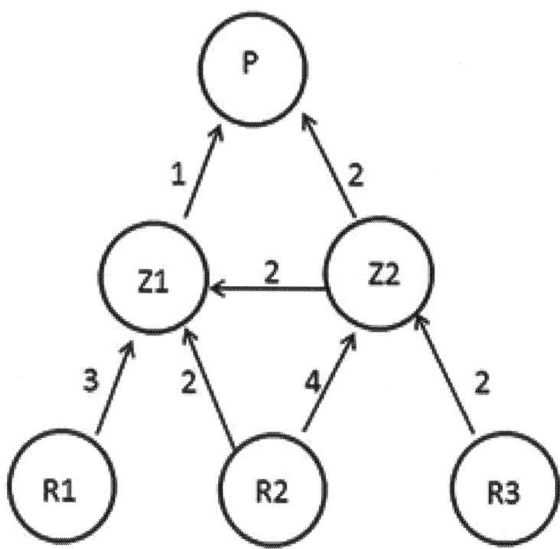


Es liegen Primärbedarfe in Höhe von P = 100, Z1 = 20 und Z2 = 30 vor. Bestimmen Sie den Gesamtbedarf aller Zwischenprodukte und Rohstoffe.

## 4.2 Lösungen

### Lösung zu Aufgabe 42

Eine Matrizenmultiplikation ist nur möglich, wenn die linke Matrix genauso viele Spalten hat wie die rechten Zeilen. Und für das Multiplizieren gilt: die Zeilen der linken Matrix mal die Spalten der rechten Matrix.

$$AB = \begin{pmatrix} 4 & 5 \\ 0 & -6 \\ 3 & 4 \end{pmatrix} \begin{pmatrix} 1 & 3 & 2 \\ -3 & -8 & -4 \end{pmatrix} = \begin{pmatrix} -11 & -28 & -12 \\ 18 & 48 & 24 \\ -9 & -23 & -10 \end{pmatrix}$$

$$A^T B = \begin{pmatrix} 4 & 0 & 3 \\ 5 & -6 & 4 \end{pmatrix} \begin{pmatrix} 1 & 3 & 2 \\ -3 & -8 & -4 \end{pmatrix} \text{ nicht möglich}$$

$$BA = \begin{pmatrix} 1 & 3 & 2 \\ -3 & -8 & -4 \end{pmatrix} \begin{pmatrix} 4 & 5 \\ 0 & -6 \\ 3 & 4 \end{pmatrix} = \begin{pmatrix} 10 & -5 \\ -24 & 17 \end{pmatrix}$$

$$B^T A = \begin{pmatrix} 1 & -3 \\ 3 & -8 \\ 2 & -4 \end{pmatrix} \begin{pmatrix} 4 & 5 \\ 0 & -6 \\ 3 & 4 \end{pmatrix} \text{ nicht möglich}$$

**Lösung zu Aufgabe 43**

Zur Bestimmung der inversen Matrix „erweitert" man die Matrix rechts um eine Einheitsmatrix. Man führt nun zeilenweise Operationen durch: Addition einer Zeile zu einer anderen Zeile, Multiplikation einer Zeile mit einer Zahl oder Vertauschung von zwei Zeilen. Das macht man so lange, bis auf der linken Seite die Einheitsmatrix steht. Auf der rechten Seite hat man dann die gesuchte Inverse. Dieses Vorgehen nennt man „vollständige Gauß-Elimination".

a) $$\begin{pmatrix} 0 & 1 & 1 & 1 & 0 & 0 \\ 2 & -2 & 2 & 0 & 1 & 0 \\ 1 & 0 & 0 & 0 & 0 & 1 \end{pmatrix} \to \begin{pmatrix} 1 & 0 & 0 & 0 & 0 & 1 \\ 2 & -2 & 2 & 0 & 1 & 0 \\ 0 & 1 & 1 & 1 & 0 & 0 \end{pmatrix}$$

$$\to \begin{pmatrix} 1 & 0 & 0 & 0 & 0 & 1 \\ 0 & -2 & 2 & 0 & 1 & -2 \\ 0 & 1 & 1 & 1 & 0 & 0 \end{pmatrix} \to \begin{pmatrix} 1 & 0 & 0 & 0 & 0 & 1 \\ 0 & 1 & -1 & 0 & -0,5 & 1 \\ 0 & 1 & 1 & 1 & 0 & 0 \end{pmatrix}$$

$$\to \begin{pmatrix} 1 & 0 & 0 & 0 & 0 & 1 \\ 0 & 1 & -1 & 0 & -0,5 & 1 \\ 0 & 0 & 2 & 1 & 0,5 & -1 \end{pmatrix}$$

$$\to \begin{pmatrix} 1 & 0 & 0 & 0 & 0 & 1 \\ 0 & 1 & -1 & 0 & -0,5 & 1 \\ 0 & 0 & 1 & 0,5 & 0,25 & -0,5 \end{pmatrix}$$

$$\to \begin{pmatrix} 1 & 0 & 0 & 0 & 0 & 1 \\ 0 & 1 & 0 & 0,5 & -0,25 & 0,5 \\ 0 & 0 & 1 & 0,5 & 0,25 & -0,5 \end{pmatrix}$$

Also ist die inverse Matrix

$$C^{-1} = \begin{pmatrix} 0 & 0 & 1 \\ 0,5 & -0,25 & 0,5 \\ 0,5 & 0,25 & -0,5 \end{pmatrix}$$

b) Es gibt mehrere Möglichkeiten. Wenn man in der zweiten oder dritten Spalte bei einer Zahl das Vorzeichen ändert, sind diese Spalten linear abhängig. Oder wenn man in der dritten Zeile aus der 1 eine 0 macht, hat man eine komplette Nullzeile.

**Lösung zu Aufgabe 44**

So schön der Gauß-Algorithmus für größere Gleichungssysteme ist, bei zwei Gleichungen mit zwei Unbekannten würde man mit Kanonen auf Spatzen schießen.

a) Hier bietet sich das Additionsverfahren an, d. h. man addiert die linken Seiten und die rechten Seiten. Auf diese Weise fällt eine Variable weg. Das Ergebnis der neuen Gleichung setzt man in eine der beiden Ausgangsgleichungen ein.

$$6x = 12 \times x = 2 \rightarrow y = 6$$

b) Hier bietet sich das Einsetzungsverfahren an. Man löst eine Gleichung nach einer Variablen auf und setzt das Ergebnis in die andere Gleichung ein.

$$x + 2y = 6 \Rightarrow x = 6 - 2y \Rightarrow 3(6 - 2y) - 4y = 8 \Rightarrow 18 - 10y = 8$$
$$\Rightarrow y = 1 \Rightarrow x = 4$$

c) Hier könnte man das Gleichsetzungsverfahren anwenden. Beide Gleichungen werden nach derselben Variablen aufgelöst und aus den rechten Seiten eine neue Gleichung gebaut.

$$10x + 5y = 20 \Rightarrow y = 4 - 2x$$

$$6x + 2y = 18 \Rightarrow y = 9 - 3x$$

$$\Rightarrow 4 - 2x = 9 - 3x \Rightarrow x = 5 \Rightarrow y = -6$$

## Lösung zu Aufgabe 45

Das Gleichungssystem lässt sich in Matrix-Vektor-Schreibweise als $Ax = b$ darstellen. Den Lösungsvektor erhält man dann als $x = A^{-1}b$. Die inverse Matrix bestimmt man mithilfe der Gauß-Elimination.

$$\begin{pmatrix} 2 & 1 & 1 & 0 \\ 1 & 3 & 0 & 1 \end{pmatrix} \to \begin{pmatrix} 1 & 3 & 0 & 1 \\ 2 & 1 & 1 & 0 \end{pmatrix} \to \begin{pmatrix} 1 & 3 & 0 & 1 \\ 0 & -5 & 1 & -2 \end{pmatrix} \to \begin{pmatrix} 1 & 3 & 0 & 1 \\ 0 & 1 & -0,2 & 0,4 \end{pmatrix}$$
$$\to \begin{pmatrix} 1 & 0 & 0,6 & -0,2 \\ 0 & 1 & -0,2 & 0,4 \end{pmatrix}$$

$$x = A^{-1}b = \begin{pmatrix} 0,6 & -0,2 \\ -0,2 & 0,4 \end{pmatrix} \begin{pmatrix} 8 \\ 9 \end{pmatrix} = \begin{pmatrix} 3 \\ 2 \end{pmatrix}$$

Also ist $x_1 = 3$ und $x_2 = 2$.

## Lösung zu Aufgabe 46

Mithilfe der Gauß-Elimination bestimmen wir die Inverse der Koeffizientenmatrix $A$:

$$A = \begin{pmatrix} 2 & 3 & 1 \\ 3 & 1 & 2 \\ 1 & 2 & 3 \end{pmatrix} \Rightarrow A^{-1} = \begin{pmatrix} \frac{1}{18} & \frac{7}{18} & -\frac{5}{18} \\ \frac{7}{18} & -\frac{5}{18} & \frac{1}{18} \\ -\frac{5}{18} & \frac{1}{18} & \frac{7}{18} \end{pmatrix}$$

Die Inverse wird nun multipliziert mit dem Vektor der rechten Seiten:

$$x = A^{-1}b = \begin{pmatrix} \frac{1}{18} & \frac{7}{18} & -\frac{5}{18} \\ \frac{7}{18} & -\frac{5}{18} & \frac{1}{18} \\ -\frac{5}{18} & \frac{1}{18} & \frac{7}{18} \end{pmatrix} \begin{pmatrix} 36 \\ 72 \\ 18 \end{pmatrix} = \begin{pmatrix} 25 \\ -5 \\ 18 \end{pmatrix}$$

Also ist $x_1 = 25$, $x_2 = -5$ und $x_3 = 18$.

### Lösung zu Aufgabe 47

Mithilfe der Gauß-Elimination bestimmen wir die Inverse der Koeffizientenmatrix:

$$A=\begin{pmatrix} 2 & 1 & -3 & 1 \\ 1 & 1 & 2 & 1 \\ 3 & 2 & 1 & -2 \\ -1 & 3 & -1 & 3 \end{pmatrix} \Rightarrow A^{-1}=\begin{pmatrix} \frac{7}{27} & \frac{8}{27} & 0 & -\frac{5}{27} \\ -\frac{5}{36} & -\frac{7}{36} & \frac{1}{4} & \frac{5}{18} \\ -\frac{4}{27} & \frac{7}{27} & 0 & -\frac{1}{27} \\ \frac{19}{108} & \frac{41}{108} & -\frac{1}{4} & -\frac{1}{54} \end{pmatrix}$$

Die Inverse wird nun multipliziert mit dem Vektor der rechten Seiten:

$$x=A^{-1}b=\begin{pmatrix} \frac{7}{27} & \frac{8}{27} & 0 & -\frac{5}{27} \\ -\frac{5}{36} & -\frac{7}{36} & \frac{1}{4} & \frac{5}{18} \\ -\frac{4}{27} & \frac{7}{27} & 0 & -\frac{1}{27} \\ \frac{19}{108} & \frac{41}{108} & -\frac{1}{4} & -\frac{1}{54} \end{pmatrix}\begin{pmatrix} 108 \\ 108 \\ 4 \\ 54 \end{pmatrix}=\begin{pmatrix} 50 \\ -20 \\ 10 \\ 58 \end{pmatrix}$$

Also ist $x_1 = 50$, $x_2 = -20$, $x_3 = 10$ und $x_4 = 58$.

### Lösung zu Aufgabe 48

Wenn das Gleichungssystem eindeutig lösbar ist, hat die Koeffizientenmatrix eine Determinante, die ungleich Null ist. Die Koeffizientenmatrix lautet hier:

$$A=\begin{pmatrix} 1 & -1 & 1 \\ 2 & 0 & -4 \\ 2 & -2 & c \end{pmatrix}$$

Nach der Regel von Sarrus lautet die Determinante:

$$\det A = 0+8-4-0-8+2c = 2c-4$$

Diese Determinante ist Null, wenn $c = 2$ ist. Für alle anderen Werte ist die Determinante ungleich Null, und das Gleichungssystem hat eine eindeutige Lösung.

### Lösung zu Aufgabe 49

Mit der Determinante der Koeffizientenmatrix überprüfen wir zunächst die eindeutige Lösbarkeit.

$$A = \begin{pmatrix} -1 & 1 & c \\ c & 1 & -1 \\ -1 & -c & -1 \end{pmatrix} \Rightarrow \det A = 1 + 1 - c^3 + c + c + c = -c^3 + 3c + 2$$

Wir sehen (bzw. „raten“), dass $c = -1$ eine Nullstelle der Determinante ist. Durch Polynomdivision erhalten wir:

$$-c^3 + 3c + 2 = (c+1)(-c^2 + c + 2)$$

In der hinteren Klammer steht eine quadratische Funktion, deren Nullstellen wir etwa mit der p-q-Formel bestimmen können:

$$-c^2 + c + 2 = 0 \Rightarrow c^2 - c - 2 = 0 \Rightarrow c = 2 / -1$$

Insgesamt wird also die Determinante Null bei $c = -1$ oder $c = 2$. Für alle anderen Werte ist das Gleichungssystem eindeutig lösbar.

Das Gleichungssystem als Matrix geschrieben (etwa für Gauß) lautet:

$$\begin{pmatrix} -1 & 1 & c & 3 \\ c & 1 & -1 & 3 \\ -1 & -c & -1 & 3 \end{pmatrix}$$

Setzen wir hier jetzt für $c = -1$ ein, erhalten wir:

$$\begin{pmatrix} -1 & 1 & -1 & 3 \\ -1 & 1 & -1 & 3 \\ -1 & 1 & -1 & 3 \end{pmatrix} \rightarrow \begin{pmatrix} -1 & 1 & -1 & 3 \\ 0 & 0 & 0 & 0 \\ 0 & 0 & 0 & 0 \end{pmatrix}$$

Wenn wir die zweite und dritte Zeile von der ersten abgezogen haben, erhalten wir komplette Nullzeilen. Also hat in diesem Fall das Gleichungssystem unendlich viele Lösungen.

Setzen wir hier jetzt für $c = 2$ ein, erhalten wir:

$$\begin{pmatrix} -1 & 1 & 2 & 3 \\ 2 & 1 & -1 & 3 \\ -1 & -2 & -1 & 3 \end{pmatrix} \rightarrow \begin{pmatrix} -1 & 1 & 2 & 3 \\ 0 & 0 & 0 & 9 \\ -1 & -2 & -1 & 3 \end{pmatrix}$$

Wenn wir die erste und die dritte Zeile zur zweiten dazu addieren, erhalten wir eine Zeile, in der auf der linken Seite nur Nullen stehen, auf der rechten Seite aber etwas anderes als Null. So etwas bedeutet, dass das Gleichungssystem nicht lösbar ist.

**Lösung zu Aufgabe 50**

Wenn wir den Ausdruck ausmultiplizieren, erhalten wir:

$$A\left(A^{-1} + A^T\right) = E + AA^T$$

Wir müssen also keine Inverse berechnen, sondern nur $AA^T$ und die Einheitsmatrix dazuaddieren.

$$AA^T = \begin{pmatrix} 1 & 2 & 3 \\ 0 & a-1 & 1 \\ 1 & 2 & a+1 \end{pmatrix} \begin{pmatrix} 1 & 0 & 1 \\ 2 & a-1 & 2 \\ 3 & 1 & a+1 \end{pmatrix}$$

$$= \begin{pmatrix} 14 & 2a+1 & 3a+8 \\ 2a+1 & a^2-2a+2 & 3a-1 \\ 3a+8 & 3a-1 & a^2+2a+6 \end{pmatrix}$$

$$E + AA^T = \begin{pmatrix} 1 & 0 & 0 \\ 0 & 1 & 0 \\ 0 & 0 & 1 \end{pmatrix} + \begin{pmatrix} 14 & 2a+1 & 3a+8 \\ 2a+1 & a^2-2a+2 & 3a-1 \\ 3a+8 & 3a-1 & a^2+2a+6 \end{pmatrix}$$

$$= \begin{pmatrix} 15 & 2a+1 & 3a+8 \\ 2a+1 & a^2-2a+3 & 3a-1 \\ 3a+8 & 3a-1 & a^2+2a+7 \end{pmatrix}$$

Die Spalten der Matrix sind linear unabhängig, wenn die Determinante der Matrix ungleich Null ist. Also berechnen wir die Determinante, etwa nach der Regel von Sarrus:

$$\begin{aligned}\det A &= 1\times(a-1)\times(a+1)+1\times1\times2+\times0\times2-3\times(a-1)\times1-1\times1\times2-2\times0\times(a+1)\\ &= a^2-3a+2=0\Rightarrow a=2/1\end{aligned}$$

Also sind die Spalten für alle Werte ungleich 2 oder 1 linear unabhängig.

## Lösung zu Aufgabe 51

Wir haben es mit einer 4×4-Matrix zu tun. Ab dieser Größe benötigen wir zur Berechnung der Determinante den Laplaceschen Entwicklungssatz. Entlang einer beliebigen Zeile oder Spalte multiplizieren wir die Elemente mit der Determinante der jeweiligen Untermatrix, die durch Streichen der aktuellen Zeile und Spalte entsteht. Das multiplizieren wir mit $(-1)^{i+j}$ und addieren alles auf. Das hört sich alles schlimmer an, als es ist, wie wir sehen werden. Wir entwickeln die Determinante entlang der ersten Zeile (also $i$ = 1), da wir dort die meisten Nullen haben und so am wenigsten rechnen müssen.

$$\begin{aligned}\det C &= \sum_{j=1}^{n}(-1)^{i+j}\times c_{ij}\times\det C_{ij} = \sum_{j=1}^{n}(-1)^{1+j}\times c_{1j}\times\det C_{1j}\\ &= (-1)^2\times c_{11}\times\det C_{11}+(-1)^5\times c_{14}\times\det C_{14}\end{aligned}$$

Hierbei sind:

$$C_{11}=\begin{pmatrix}9&8&4\\8&6&0\\0&3&1\end{pmatrix}$$

und

$$C_{14}=\begin{pmatrix}1&9&8\\1&8&6\\3&0&3\end{pmatrix}$$

Also ergibt sich: $\det C = 2\cdot 86 - 2\cdot(-33) = 238$.

### Lösung zu Aufgabe 52

Für eine symmetrische Matrix müssen die bezüglich der Hauptdiagonalen einander gegenüberliegenden Elemente gleich sein. Es ergeben sich also folgende Gleichungen:

$$a+1=a^2-1 \Rightarrow a^2-a-2=0 \Rightarrow a=2/-1$$

$$4a=a^2+4 \Rightarrow a^2-4a+4=0 \Rightarrow a=2$$

Also ist die einzige Lösung $a = 2$.

### Lösung zu Aufgabe 53

$$Ac=\begin{pmatrix}16\\4\\-4\end{pmatrix} \quad (A-E)c=\begin{pmatrix}15\\2\\-7\end{pmatrix} \quad c^Tb=0 \quad bc^T=\begin{pmatrix}-3&-6&-9\\0&0&0\\1&2&3\end{pmatrix}$$

$$b^TAc=-52 \quad A^2=AA=\begin{pmatrix}23&6&11\\6&0&2\\5&6&1\end{pmatrix}$$

### Lösung zu Aufgabe 54

$$AA=\begin{pmatrix}15&2&-6\\-10&-1&8\\-10&-2&1\end{pmatrix} \quad BC=\begin{pmatrix}5&-3\\-5&14\\-6&8\end{pmatrix} \quad CC=\begin{pmatrix}1&6\\-18&13\end{pmatrix}$$

$$AA^T=\begin{pmatrix}13&-7&-9\\-7&30&-5\\-9&-5&10\end{pmatrix} \quad BCB^T=\begin{pmatrix}8&1&6\\-19&32&-28\\-14&12&-16\end{pmatrix}$$

Die anderen Matrizen kann man nicht berechnen, weil die Dimensionen nicht passen.

**Lösung zu Aufgabe 55**

Zuerst berechnen wir mithilfe des Gauß-Verfahrens die inverse Matrix von $A^{-1}$, das ist die Matrix $A$. Die multiplizieren wir mit $x$ und erhalten $b$.

$$A = \begin{pmatrix} -1 & -3 & 2 \\ 3 & 8 & -6 \\ 5 & 14 & -9 \end{pmatrix} \Rightarrow b = Ax = \begin{pmatrix} -1 & -3 & 2 \\ 3 & 8 & -6 \\ 5 & 14 & -9 \end{pmatrix} \begin{pmatrix} -3 \\ 2 \\ 1 \end{pmatrix} = \begin{pmatrix} -1 \\ 1 \\ 4 \end{pmatrix}$$

**Lösung zu Aufgabe 56**

a) Die Bedarfe an Modulen für die Produkte fassen wir in einer Matrix zusammen. Die Zeilen stehen für die Produkte, die Spalten entsprechen den Modulen.

$$\begin{pmatrix} 2 & 3 & 1 \\ 5 & 4 & 3 \end{pmatrix}$$

Entsprechend verfahren wir bei der Zuordnung der Rohstoffe (Spalten) auf die Module (Zeilen).

$$\begin{pmatrix} 2 & 3 & 4 & 5 \\ 3 & 6 & 5 & 7 \\ 1 & 2 & 3 & 4 \end{pmatrix}$$

Um den Rohstoffbedarf der Produkte zu ermitteln, müssen wir diese beiden Matrizen miteinander multiplizieren. Dabei ist darauf zu achten, dass in den Spalten der linken Matrix inhaltlich das Gleiche steht wie in den Zeilen der rechten Matrix (bei uns sind das die Module).

$$\begin{pmatrix} 2 & 3 & 1 \\ 5 & 4 & 3 \end{pmatrix} \begin{pmatrix} 2 & 3 & 4 & 5 \\ 3 & 6 & 5 & 7 \\ 1 & 2 & 3 & 4 \end{pmatrix} = \begin{pmatrix} 14 & 26 & 26 & 35 \\ 25 & 45 & 49 & 65 \end{pmatrix}$$

In der ersten Zeile können wir die Bedarfe von P1 an den 4 Rohstoffen ablesen, in der zweiten Zeile entsprechend die für P2. Die Angaben in den Zeilen beziehen sich auf jeweils auf 1 ME des Produktes.

b) Für 20 ME von P1 müssen wir die Werte der ersten Zeile also mit 20 multiplizieren und für 10 ME von P2 entsprechend die Werte der zweiten Zeile mit 10.

   20 P1: 280 R1, 520 R2, 520 R3, 700 R4

   10 P2: 250 R1, 450 R2, 490 R3, 640 R4

   Für unser geplantes Produktionsprogramm benötigen wir also insgesamt:

   530 R1, 970 R2, 1010 R3, 1350 R4

**Lösung zu Aufgabe 57**

Den Verrechnungspreis enthält man durch Division der Gesamtkosten durch die Gesamtleistung für jede Hilfsbetriebsstelle. Die Gesamtkosten sind die Summe aus den primären Kosten und den sekundären Kosten, die durch Inanspruchnahme der Leistungen der Hilfsbetriebsstellen entstehen.

$$p_1 = \frac{120 + 2p_1 + 3p_2}{14} \Rightarrow 14p_1 = 120 + 2p_1 + 3p_2 \Rightarrow 12p_1 - 3p_2 = 120$$

$$p_2 = \frac{200 + 4p_1 + 6p_2}{14} \Rightarrow 14p_2 = 200 + 4p_1 + 6p_2 \Rightarrow -4p_1 + 8p_2 = 200$$

Das Gleichungssystem lautet also:

$$12p_1 - 3p_2 = 120$$

$$-4p_1 + 8p_2 = 200$$

Wir übertragen die Koeffizienten in eine Matrix und lösen mit dem Gauß-Verfahren:

$$\begin{pmatrix} 12 & -3 & 120 \\ -4 & 8 & 200 \end{pmatrix} \to \begin{pmatrix} 1 & -\frac{1}{4} & 10 \\ -4 & 8 & 200 \end{pmatrix} \to \begin{pmatrix} 1 & -\frac{1}{4} & 10 \\ 0 & 9 & 240 \end{pmatrix} \to \begin{pmatrix} 1 & -\frac{1}{4} & 10 \\ 0 & 1 & \frac{80}{3} \end{pmatrix}$$

$$\to \begin{pmatrix} 1 & 0 & \frac{50}{3} \\ 0 & 1 & \frac{80}{3} \end{pmatrix}$$

Die Verrechnungspreise sind also $p_1 = \frac{50}{3}$ und $p_2 = \frac{80}{3}$.

### Lösung zu Aufgabe 58

Bezeichnen wir den Vektor der Primärbedarfe (wobei die Reihenfolge der Güter P, Z1, Z2, R1, R2, R3 lautet) mit $p$. Dann gilt:

$$p = \begin{pmatrix} 100 \\ 20 \\ 30 \\ 0 \\ 0 \\ 0 \end{pmatrix}$$

Die direkten Bedarfe stehen an den Pfeilen des Gozinto-Graphen. Wir schreiben sie spaltenweise in die Direktbedarfsmatrix $D$:

$$D = \begin{pmatrix} 0 & 0 & 0 & 0 & 0 & 0 \\ 1 & 0 & 0 & 0 & 0 & 0 \\ 2 & 2 & 0 & 0 & 0 & 0 \\ 0 & 3 & 0 & 0 & 0 & 0 \\ 0 & 2 & 4 & 0 & 0 & 0 \\ 0 & 0 & 2 & 0 & 0 & 0 \end{pmatrix}$$

Den Vektor der Gesamtbedarfe nennen wir *g*. Diese Gesamtbedarfe müssen groß genug sein, um einerseits die Primärbedarfe und andererseits die ausgelösten Sekundärbedarfe zu decken. In Formeln:

$$g = p + Dg \Rightarrow g - Dg = p \Rightarrow (E - D)g = p \Rightarrow g = (E - D)^{-1} p$$

Die Matrix *E-D* nennt man auch technologische Matrix.

$$E - D = \begin{pmatrix} 1 & 0 & 0 & 0 & 0 & 0 \\ -1 & 1 & 0 & 0 & 0 & 0 \\ -2 & -2 & 1 & 0 & 0 & 0 \\ 0 & -3 & 0 & 1 & 0 & 0 \\ 0 & -2 & -4 & 0 & 1 & 0 \\ 0 & 0 & -2 & 0 & 0 & 1 \end{pmatrix}$$

Mit dem Gauß-Verfahren bestimmen wir die inverse Matrix davon:

$$(E - D)^{-1} = \begin{pmatrix} 1 & 0 & 0 & 0 & 0 & 0 \\ 1 & 1 & 0 & 0 & 0 & 0 \\ 0 & 2 & 1 & 0 & 0 & 0 \\ 3 & 3 & 0 & 1 & 0 & 0 \\ 2 & 10 & 4 & 0 & 1 & 0 \\ 0 & 4 & 2 & 0 & 0 & 1 \end{pmatrix}$$

$$g = (E - D)^{-1} p = \begin{pmatrix} 1 & 0 & 0 & 0 & 0 & 0 \\ 1 & 1 & 0 & 0 & 0 & 0 \\ 0 & 2 & 1 & 0 & 0 & 0 \\ 3 & 3 & 0 & 1 & 0 & 0 \\ 2 & 10 & 4 & 0 & 1 & 0 \\ 0 & 4 & 2 & 0 & 0 & 1 \end{pmatrix} \begin{pmatrix} 100 \\ 20 \\ 30 \\ 0 \\ 0 \\ 0 \end{pmatrix} = \begin{pmatrix} 100 \\ 120 \\ 70 \\ 360 \\ 520 \\ 140 \end{pmatrix}$$

In dem Vektor *g* stehen jetzt alle Gesamtbedarfe.

# 5 Differentialrechnung in $\mathbb{R}^n$

## 5.1 Aufgaben

### 5.1.1 Grundlagen

**Aufgabe 59**

Bestimmen Sie den Gradienten und die Hesse-Matrix folgender Funktionen:

$$f(x,y) = x^2 + 2xy + y^3$$

$$f(x,y) = \sqrt{x}\,\ln(y)$$

$$f(x,y) = e^{xy}$$

**Aufgabe 60**

Bestimmen Sie die Extrempunkte der Funktion $f(x,y) = x^2 + 3y^2 - y^3$.

**Aufgabe 61**

Bestimmen Sie die Extrempunkte der Funktion
$f(x,y) = \frac{1}{3}x^3 + \frac{1}{3}y^3 - 9x - 16y$.

**Aufgabe 62**

Bestimmen Sie die Extrempunkte der Funktion $f(x,y) = \frac{1}{3}x^3 - x + \frac{1}{9}xy^2$.

### Aufgabe 63

Untersuchen Sie die folgende Funktion auf Extremstellen!

$$f(x,y) = x^3 + 2xy - 6y^2$$

### Aufgabe 64

Bestimmen Sie die Extrempunkte der Funktion
$f(x,y) = x^2 - 8xy + y^2 + 30y$.

### Aufgabe 65

Bestimmen Sie das Minimum der Funktion $f(x,y) = x^2 + 8xy + 6y^2$ unter der Nebenbedingung $x + 2y = 150$.

## 5.1.2 Anwendungen

### Aufgabe 66

Welchen Durchmesser und welche Höhe hat eine Coladose mit 0,5 l Inhalt, bei der die Oberfläche minimal ist?

### Aufgabe 67

Gegeben sei die Cobb-Douglas-Produktionsfunktion $x = 2r_1^{\frac{1}{2}} r_2^{\frac{1}{2}}$:

a) Bestimmen Sie die Isoquante zur Outputmenge 200.

b) Die Preise der beiden Inputfaktoren seien $p_1 = 2$ und $p_2 = 8$. Wie groß ist der maximale Output, wenn ein Budget von 160 GE zur Verfügung steht?

### Aufgabe 68

Gegeben sei die Produktionsfunktion

$$x = 0{,}2r_1^2 r_2$$

Auf kostenminimale Weise sollen 3200 ME Output hergestellt werden. Die Faktorpreise seien $p_1 = 2$ und $p_2 = 4$. Welche Mengen der Inputfaktoren $r_1$ und $r_2$ braucht man dazu, und wie hoch sind die Kosten?

### Aufgabe 69

Der Gewinn G eines Unternehmens hängt von den Ausbringungsmengen $x$ und $y$ zweier Produkte gemäß folgender Funktion ab:
$G(x,y) = -4x^2 + 300x - 2y^2 + 300y.$
Bestimmen Sie die Ausbringungsmenge, für die der Gewinn maximal wird, wenn die gesamte Ausbringungsmenge insgesamt 150 Stück sein sollen.

### Aufgabe 70

Gegeben seien die Preis-Absatz-Funktionen zweier Produkte:

$$p_1(x) = 4 - 2x$$
$$p_2(y) = 9 - 3y$$

Die Kostenfunktion lautet $K(x,y) = 8x + 2y + 400.$

Gesucht sind die Produktionsmengen $x$ und $y$, mit denen bei einem Umsatz von 8,75 GE die Kosten minimiert werden.

### Aufgabe 71

Ein Unternehmen produziert zwei verschiedene Produkte. Produkt 1 kann zu einem Stückpreis von 100,00 EUR, Produkt 2 zu einem Stückpreis von 200,00 EUR verkauft werden. Bestimmen Sie die Mengen $x$ (von Produkt 1) und $y$ (von Produkt 2), bei denen der Gewinn maximal wird, wenn insgesamt 175 Stück produziert werden müssen! Dabei ist bekannt, dass folgende Funktion die Kosten in Abhängigkeit von den Produktionsmengen beschreibt: $K(x,y) = 4x^2 + 2y^2$.

Wie groß ist der Gewinn?

## 5.2 Lösungen

### Lösung zu Aufgabe 59

Der Gradient ist der Vektor, in dem die ersten partiellen Ableitungen verzeichnet sind. Die Hesse-Matrix ist die Matrix der zweiten partiellen Ableitungen.

$$\operatorname{grad} f(x,y) = \begin{pmatrix} 2x+2y & 2x+3y^2 \end{pmatrix} \quad Hf(x,y) = \begin{pmatrix} 2 & 2 \\ 2 & 6y \end{pmatrix}$$

$$\operatorname{grad} f(x,y) = \begin{pmatrix} \frac{1}{2}x^{-\frac{1}{2}}\ln(y) & x^{\frac{1}{2}}y^{-1} \end{pmatrix} \quad Hf(x,y) = \begin{pmatrix} -\frac{1}{4}x^{-\frac{3}{2}}\ln(y) & \frac{1}{2}x^{\frac{1}{2}}y^{-1} \\ \frac{1}{2}x^{\frac{1}{2}}y^{-1} & -x^{\frac{1}{2}}y^{-2} \end{pmatrix}$$

$$\operatorname{grad} f(x,y) = \begin{pmatrix} ye^{xy} & xe^{xy} \end{pmatrix} \quad Hf(x,y) = \begin{pmatrix} y^2e^{xy} & (1+xy)e^{xy} \\ (1+xy)e^{xy} & x^2e^{xy} \end{pmatrix}$$

### Lösung zu Aufgabe 60

Als Erstes bestimmen wir den Gradienten, den Vektor der ersten partiellen Ableitungen:

$$\operatorname{grad} f(x,y) = \begin{pmatrix} 2x & 6y-3y^2 \end{pmatrix}$$

Diese Ableitungen müssen Null sein:

$$2x = 0 \Rightarrow x = 0$$

$$6y - 3y^2 = 0 \Rightarrow 3y(2-y) = 0 \Rightarrow y = 0/2$$

Also haben wir folgende kritischen (stationären) Stellen: (0; 0) und (0; 2).

Wichtig ist, dass wir alle *xy*-Kombinationen herstellen, bei denen die ersten partiellen Ableitungen Null sind.

Die Hesse-Matrix der zweiten partiellen Ableitungen lautet:

$$Hf\left(x,y\right)=\begin{pmatrix}2 & 0\\0 & 6-6y\end{pmatrix}.$$

Für die erste kritische Stelle setzen wir $y = 0$ ein. Damit gilt $f''_{xx}\left(x,y\right)=2>0$ und $\det Hf\left(x,y\right)=12>0$. Die Hesse-Matrix ist also positiv definit, und wir haben ein Minimum bzw. bei (0; 0; 0) einen Tiefpunkt.

Für die zweite kritische Stelle setzen wir $y = 2$ ein. Damit ist $\det Hf\left(x,y\right)=-12<0$, die Hesse-Matrix ist nicht definit, wir haben also kein Extremum.

## Lösung zu Aufgabe 61

Als Erstes bestimmen wir den Gradienten, den Vektor der ersten partiellen Ableitungen:

$$\operatorname{grad} f\left(x,y\right)=\begin{pmatrix}x^2-9 & y^2-16\end{pmatrix}$$

Diese Ableitungen müssen Null sein:

$$x^2-9=0 \Rightarrow x^2=9 \Rightarrow x=\pm 3$$

$$y^2-16=0 \Rightarrow y^2=16 \Rightarrow y=\pm 4$$

Also haben wir insgesamt folgende kritischen (stationären) Stellen: (3; 4), (-3; 4), (3; -4) und (-3; -4). (Wir müssen alle *x*-Werte mit allen *y*-Werten kombinieren!)

Die Hesse-Matrix der zweiten partiellen Ableitungen lautet:

$$Hf\left(x,y\right)=\begin{pmatrix}2x & 0\\0 & 2y\end{pmatrix}.$$

Setzen wir die Werte von (-3; 4) oder (3; -4) ein, erhalten wir $\det Hf\left(x,y\right)=-48<0$, die Hesse-Matrix ist nicht definit, wir haben an diesen Stellen also keine Extrema.

Bei (3; 4) ist $\det Hf(x,y) = 48 > 0$, zudem ist $f''_{xx}(x,y) = 6 > 0$, die Matrix ist also positiv definit, wir haben also bei $\left(3;4;-\frac{182}{3}\right)$ einen Tiefpunkt.

Bei (-3; -4) ist $\det Hf(x,y) = 48 > 0$, zudem ist $f''_{xx}(x,y) = -6 < 0$, die Matrix ist also negativ definit, wir haben also bei $\left(-3;-4;\frac{182}{3}\right)$ einen Hochpunkt.

### Lösung zu Aufgabe 62

Als Erstes bestimmen wir die partiellen Ableitungen und setzen sie Null:

$$f'_X(x,y) = x^2 - 1 + \frac{1}{9}y^2 = 0$$

$$f'_Y(x,y) = \frac{2}{9}\text{xy} = 0$$

Aus der zweiten Gleichung folgt: $x = 0$ oder $y = 0$. Das setzen wir in die erste Gleichung ein:

$$x = 0 \Rightarrow -1 + \frac{1}{9}y^2 = 0 \Rightarrow y^2 = 9 \Rightarrow y = \pm 3$$

$$y = 0 \Rightarrow x^2 - 1 = 0 \Rightarrow x^2 = 1 \Rightarrow x = \pm 1$$

Also haben wir insgesamt vier kritische Stellen: (0; 3), (0; -3), (1; 0) und (-1; 0). Für diese Stellen müssen wir überprüfen, ob die Hesse-Matrix positiv definit (für ein Minimum) oder negativ definit (für ein Maximum) ist. Die Hesse-Matrix lautet:

$$Hf(x,y) = \begin{pmatrix} 2x & \frac{2}{9}y \\ \frac{2}{9}y & \frac{2}{9}x \end{pmatrix}$$

Für (0; 3) und (0; -3) ist $\det Hf(x,y) = -\frac{4}{9} < 0$, die Matrix ist also weder positiv noch negativ definit, wir haben keine Extremstelle.

Für (1; 0) und (-1; 0) ist $\det Hf(x,y) = \frac{4}{9} > 0$.

Für (1; 0) ist $f'_{XX}(x,y) = 2 > 0$, also ist die Hesse-Matrix positiv definit, $\left(1;0;-\frac{2}{3}\right)$ ist ein Tiefpunkt.

Für (-1; 0) ist $f'_{XX}(x,y) = -2 < 0$, also ist die Hesse-Matrix negativ definit, $\left(-1;0;\frac{2}{3}\right)$ ist ein Hochpunkt.

**Lösung zu Aufgabe 63**

Als Erstes bestimmen wir den Gradienten, den Vektor der ersten partiellen Ableitungen:

$$\text{grad}\, f(x,y) = \left(3x^2 + 2y \quad 2x - 12y\right)$$

Diese Ableitungen müssen Null sein. Aus der partiellen Ableitung nach y erhalten wir:

$$2x - 12y = 0 \Rightarrow 2x = 12y \Rightarrow x = 6y$$

Das setzen wir in die partielle Ableitung nach $x$ ein:

$$3x^2 + 2y = 3(6y)^2 + 2y = 108y^2 + 2y = 2y(54y+1) = 0 \Rightarrow y = 0 / -\frac{1}{54}$$

Also haben wir folgende kritischen (stationären) Stellen: (0; 0) und $\left(-\frac{1}{9};-\frac{1}{54}\right)$.

Die Hesse-Matrix der zweiten partiellen Ableitungen lautet:

$$Hf(x,y) = \begin{pmatrix} 6x & 2 \\ 2 & -12 \end{pmatrix}$$

Setzen wir die Werte von (0; 0) ein, erhalten wir $\det Hf(x,y) = -4 < 0$, die Hesse-Matrix ist nicht definit, wir haben an dieser Stelle also kein Extremum.

Auch bei $\left(-\frac{1}{9};-\frac{1}{54}\right)$ ist $\det Hf(x,y) = 4 > 0$, zudem ist $f''_{xx}(x,y) = -\frac{2}{3} < 0$, die Matrix ist also negativ definit, wir haben also bei $\left(-\frac{1}{9};-\frac{1}{54};\frac{2}{2916}\right)$ einen Hochpunkt.

## Lösung zu Aufgabe 64

Als Erstes bestimmen wir die partiellen Ableitungen und setzen sie Null:

$$f_X'(x,y) = 2x - 8y = 0$$
$$f_Y'(x,y) = -8x + 2y + 30 = 0$$

Aus der ersten Gleichung folgt: $2x = 8y \Rightarrow x = 4y$

Das setzen wir in die zweite Gleichung ein und erhalten:
$-8x + 2y + 30 = 0 \Rightarrow -32y + 2y + 30 = 0 \Rightarrow -30y + 30 = 0 \Rightarrow y = 1 \Rightarrow x = 4$

Wir haben also eine kritische Stelle: (4; 1) Für diese Stelle müssen wir überprüfen, ob die Hesse-Matrix positiv definit (für ein Minimum) oder negativ definit (für ein Maximum) ist. Die Hesse-Matrix lautet:

$$Hf(x,y) = \begin{pmatrix} 2 & -8 \\ -8 & 2 \end{pmatrix}$$

Die Determinante lautet $\det Hf(x,y) = -60 < 0$. Die Hesse-Matrix ist also weder positiv noch negativ definit, die Funktion hat keinen Extrempunkt.

## Lösung zu Aufgabe 65

Aus der Zielfunktion und der Nebenbedingung $150 = x + 2y$, die so umgeformt werden muss, dass auf einer Seite der Gleichung eine Null steht, bauen wir die Lagrange-Funktion.

$$L(x,y,\lambda) = x^2 + 8xy + 6y^2 + \lambda(x + 2y - 150)$$

Diese Funktion leiten wir nach allen drei Variablen ab und setzen die Ableitungen gleich Null.

$$L_x' = 2x + 8y + \lambda = 0$$
$$L_y' = 8x + 12y + 2\lambda = 0$$
$$L_\lambda' = x + 2y - 150 = 0$$

Für die Lösung dieses Gleichungssystems empfiehlt es sich, zuerst den Lagrange-Parameter $\lambda$ zu eliminieren. Dazu multiplizieren wir die erste Gleichung mit 2 und subtrahieren davon die zweite Gleichung. Auf diese Weise werden wir das $\lambda$ los: $-4x + 4y = 0 \Rightarrow x = y$.

Das setzen wir in die dritte Gleichung ein und erhalten:

$$3y-150=0 \Rightarrow y=50 \Rightarrow x=50 \Rightarrow f\left(50,50\right)=37500$$

## Lösung zu Aufgabe 66

Die Formel für die Oberfläche (Deckel plus Boden plus Mantelfläche) lautet $O=2\pi r^2+2\pi rh$.

Wobei $r$ der Radius und $h$ die Höhe der als perfekt zylinderförmig angenommenen Dose sein soll. Diese Oberfläche soll minimiert werden, also ist dies die Zielfunktion.

Das Volumen des Zylinders ist $V = \pi r^2 h$, und dieses Volumen soll 0,5 l, also 0,5 $dm^3$ sein. Dies ist die Nebenbedingung. (Wir sehen hierbei übrigens, dass es in dieser Aufgabe günstig ist, Radius und Höhe in der Längeneinheit dm zu messen.)

Die Optimierung erfolgt mit dem Lagrange-Ansatz:
$L\left(r,h,\lambda\right)=2\pi r\left(r+h\right)+\lambda\left(\pi r^2 h-0{,}5\right)$.

Wir setzen die partiellen Ableitungen gleich Null:

$$L_r'=4\pi r+2\pi h+2\lambda\pi rh=0$$
$$L_h'=2\pi r+\lambda\pi r^2=0$$
$$L_\lambda'=\pi r^2 h-0{,}5=0$$

Zur Lösung mittels Additions- (bzw. Subtraktions-) Verfahren multiplizieren wir die ersten beiden Gleichungen mit $r$ bzw. $2h$:

$$4\pi r^2+2\pi rh+2\lambda\pi r^2 h=0$$

$$4\pi rh+2\lambda\pi r^2 h=0$$

Subtraktion der beiden Gleichungen liefert: $4\pi r^2-2\pi rh=0$

Wenn wir annehmen, dass $r\neq 0$ (was wäre das auch für eine Dose?), können wir umformen:

$$4\pi r^2=2\pi rh \times 2r=h$$

Eingesetzt in die dritte Gleichung ergibt sich:

$$\pi r^2 2r - 0{,}5 \Rightarrow 2\pi r^3 = 0{,}5 \Rightarrow r^3 = \frac{0{,}25}{\pi} = 0{,}0796 \Rightarrow r = 0{,}4301 \Rightarrow h = 0{,}8603$$

Es sei noch einmal daran erinnert, dass diese Größen in dm gemessen werden.

### Lösung zu Aufgabe 67

a) Wir setzen in die Produktionsfunktion den Output $x = 200$ ein und formen die Gleichung nach $r^2$ um:

$$200 = 2r_1^{\frac{1}{2}} r_2^{\frac{1}{2}} \Rightarrow r_2^{\frac{1}{2}} = \frac{100}{r_1^{\frac{1}{2}}} \Rightarrow r_2 = \frac{10000}{r_1}$$

b) Die zu maximierende Zielfunktion ist die Produktionsfunktion, das Budget liefert die Nebenbedingung $160 = 2r_1 + 8r_2$, die so umgeformt werden muss, dass auf einer Seite der Gleichung eine Null steht. Aus allem bauen wir die Lagrange-Funktion.

$$L(r_1, r_2, \lambda) = 2r_1^{\frac{1}{2}} r_2^{\frac{1}{2}} + \lambda(2r_1 + 8r_2 - 160)$$

Diese Funktion leiten wir nach allen drei Variablen ab und setzen die Ableitungen gleich Null.

$$L'_{r_1} = r_1^{-\frac{1}{2}} r_2^{\frac{1}{2}} + 2\lambda = 0$$

$$L'_{r_1} = r_1^{\frac{1}{2}} r_2^{-\frac{1}{2}} + 8\lambda = 0$$

$$L'_{\lambda} = 2r_1 + 8r_2 - 160 = 0$$

Zur Lösung des Gleichungssystems wenden wir das Einsetzungs-, Gleichsetzungs- oder Additions- (bzw. Subtraktions-) Verfahren an, mit dem wir zunächst den Lagrange-Parameter aus den ersten beiden Gleichungen eliminieren.

$$4r_1^{-\frac{1}{2}} r_2^{\frac{1}{2}} + 8\lambda = r_1^{\frac{1}{2}} r_2^{-\frac{1}{2}} + 8\lambda \Rightarrow 4r_1^{-\frac{1}{2}} r_2^{\frac{1}{2}} = r_1^{\frac{1}{2}} r_2^{-\frac{1}{2}} \Rightarrow 4r_2 = r_1$$

Das setzen wir in die dritte Gleichung ein.

$$2r_1 + 8r_2 - 160 = 0 \Rightarrow 8r_2 + 8r_2 = 160 \Rightarrow r_2 = 10 \Rightarrow r_1 = 4r_2 = 40$$

Zur Bestimmung des Outputs setzen wir nun die Ergebnisse in die Produktionsfunktion ein.

$$x = 2r_1^{\frac{1}{2}} r_2^{\frac{1}{2}} = 2 40^{\frac{1}{2}} 10^{\frac{1}{2}} = 40$$

(Auf den Nachweis, dass es sich tatsächlich um ein Maximum handelt, mithilfe der geränderten Hesse-Matrix, verzichten wir. Wir vertrauen der Aufgabenstellung.)

### Lösung zu Aufgabe 68

Die Kostengleichung $K = 2r_1 + 4r_2$ ist die Zielfunktion, $3200 = 0{,}2r_1^2 r_2$ die Nebenbedingung.

Zunächst bauen wir die Lagrange-Funktion.

$$L(r_1, r_2, \lambda) = 2r_1 + 4r_2 + \lambda\left(0{,}2r_1^2 r_2 - 3200\right)$$

Wir leiten partiell ab und setzen Null:

$$L'_{r_1} = 2 + 0{,}4\lambda r_1 r_2 = 0$$

$$L'_{r_1} = 4 + 0{,}2\lambda r_1^2 = 0$$

$$L'_{\lambda} = 0{,}2r_1^2 r_2 - 3200 = 0$$

Wie multiplizieren die ersten beiden Gleichungen geeignet, sodass bei der Subtraktion das $\lambda$ verschwindet:

$$2r_1 + 0{,}4\lambda r_1^2 r_2 = 0,\ \ 8r_2 + 0{,}4\lambda r_1^2 r_2 = 0 \Rightarrow 2r_1 - 8r_2 = 0 \Rightarrow r_1 = 4r_2$$

Das setzen wir in die dritte Gleichung ein:

$$0{,}2(4r_2)^2 r_2 - 3200 = 0 \Rightarrow 3{,}2r_2^3 = 3200 \Rightarrow r_2 = 10 \Rightarrow r_1 = 4r_2 = 40$$

Eingesetzt in die Kostengleichung ergibt sich: $K = 2r_1 + 4r_2 = 120$.

## Lösung zu Aufgabe 69

Die Gewinnfunktion ist die Zielfunktion, die Ausbringungsmenge die Nebenbedingung. Letztere müssen wir als Gleichung formulieren, bei der auf einer Seite eine Null steht. Zielfunktion und Nebenbedingung zusammen ergeben die Lagrange-Funktion:

$$L(x,y,\lambda) = -4x^2 + 300x - 2y^2 + 300y + \lambda(x + y - 150)$$

Diese Funktion leiten wir nach allen drei Variablen ab und setzen die Ableitungen gleich Null.

$$L'_x = -8\mathrm{x} + 300 + \lambda = 0$$
$$L'_y = -4\mathrm{y} + 300 + \lambda = 0$$
$$L'_\lambda = x + y - 150 = 0$$

Wenn wir die beiden ersten Gleichungen voneinander subtrahieren, erhalten wir $2x = y$. Das setzen wir in die dritte Gleichung ein:

$$x + 2x - 150 = 3x - 150 = 0 \Rightarrow x = 50 \Rightarrow y = 100$$

Setzen wir das in die Gewinnfunktion ein, erhalten wir: $G(50;100) = 15000$

## Lösung zu Aufgabe 70

Die Kostenfunktion ist die zu minimierende Zielfunktion, der Umsatz liefert die Nebenbedingung:

$$U(x,y) = p_1(x)x + p_2(y)y = 4x - 2x^2 + 9y - 3y^2 = 8{,}75$$

Wir lösen die Aufgabe mit dem Lagrange-Ansatz:

$$L(x,y,\lambda) = 8x + 2y + 400 + \lambda\left(4x - 2x^2 + 9y - 3y^2 - 8{,}75\right)$$

Diese Lagrange-Funktion leiten wir nach allen drei Variablen ab und setzen die Ableitungen gleich Null.

$$L'_x = 8 + 4\lambda - 4\lambda x = 0$$
$$L'_y = 2 + 9\lambda - 6\lambda y = 0$$
$$L'_\lambda = 4x - 2x^2 + 9y - 3y^2 - 8{,}75 = 0$$

Beim Lösen dieses Gleichungssystems versuchen wir zunächst, den Lagrange-Parameter loszuwerden. Dazu formen wir die erste Gleichung nach $\lambda$ um:

$$8+4\lambda-4\lambda x=0 \Rightarrow 4\lambda x-4\lambda=8 \Rightarrow \lambda(x-1)=2 \Rightarrow \lambda=\frac{2}{x-1}$$

Das setzen wir in die zweite Gleichung ein:

$$2+9\lambda-6\lambda y=2+\lambda(9-6y)=2+\frac{2(9-6y)}{x-1}=0 \Rightarrow 18-12y=2-2x$$
$$\Rightarrow x=(6y-8)$$

Und dies wiederum setzen wir in die dritte Gleichung ein:

$$4(6y-8)-2(6y-8)^2+9y-3y^2-8{,}75=0$$

Ausmultipliziert und zusammengefasst erhalten wir:

$$-75y^2+225y-168{,}75=0 \Rightarrow y^2-3y+2{,}25=0 \Rightarrow y=1{,}5 \Rightarrow x=1$$

Die Kosten betragen $K(1{,}1{,}5)$ = 411.

### Lösung zu Aufgabe 71

Mithilfe der Preise erhalten wir die Umsatzfunktion: $U(x,y)=100x+200y$.

Maximiert werden soll der Gewinn:

$$G(x,y)=U(x,y)-K(x,y)=100x+200y-\left(4x^2+2y^2\right)$$

Die Produktionsmenge liefert die Nebenbedingung: $x+y=175$.

Wir lösen die Aufgabe mit dem Lagrange-Ansatz:

$$L(x,y,\lambda)=100x+200y-4x^2-2y^2+\lambda(x+y-175)$$

Diese Lagrange-Funktion leiten wir nach allen drei Variablen ab und setzen die Ableitungen gleich Null.

$$L'_x=100-8\mathrm{x}+\lambda=0$$
$$L'_y=200-4y+\lambda=0$$
$$L'_\lambda=x+y-175=0$$

Durch Subtraktion der ersten beiden Gleichungen eliminieren wir das $\lambda$:

$$-100 - 8x + 4y = 0 \Rightarrow 4y = 8x + 100 \Rightarrow y = 2x + 25$$

Das setzen wir in die dritte Gleichung ein:

$$x + 2x + 25 - 175 = 0 \Rightarrow 3x - 150 = 0 \Rightarrow x = 50 \Rightarrow y = 125$$

Der Gewinn ist $G(50,125) = -11\,250$. Diesen negativen Gewinn müssen wir in Kauf nehmen, da wir ja die 175 Stück produzieren *müssen*.

# 6 Finanzmathematik

## 6.1 Aufgaben

### 6.1.1 Zinsrechnung

**Aufgabe 72**

Eine Bank schenkt Ihrem Kind zur Einschulung ein Taschengeldsparbuch mit einem Guthaben von 5,00 EUR. Welches Kapital befindet sich auf dem Sparbuch nach dem Abitur, also 13 Jahre später? Der Zinssatz sei $i = 0{,}01$ p. a.

**Aufgabe 73**

Wenn man zur Finanzierung des Studiums zur Geburt ein Sparbuch mit einem Guthaben von 5000,00 EUR geschenkt bekommt, müsste der Zinssatz wie hoch sein, damit sich zu Beginn des Studiums (nach 19 Jahren) auf dem Sparbuch 36 000,00 EUR befinden?

**Aufgabe 74**

Wenn man zur Finanzierung des Studiums zur Geburt ein Sparbuch mit 5000,00 EUR geschenkt bekommt, auf dem der Zinssatz 7 % p. a. ist, wie lange dauert es, bis sich 36 000,00 EUR darauf befinden?

### Aufgabe 75

Ein Unternehmen rechnet in den nächsten 10 Jahren mit einem Preisanstieg von 2 % und einer Steigerung der Absatzmenge von 3 %, jeweils pro Jahr.

Um wieviel Prozent höher als jetzt ist der Umsatz in 10 Jahren? Um wieviel Prozent steigt der Umsatz pro Jahr?

### Aufgabe 76

Um die Konsumfreude der Kunden anzukurbeln, beschließt die Regierung, die Mehrwertsteuer von 19 % auf 16 % zu senken. Um wieviel Prozent verbilligen sich für den Endkunden die Preise?

### Aufgabe 77

Wenn Sie einen Kapitalbetrag $K_0$ bei einem jährlichen Zinssatz von 2 % auf ein Konto einzahlen, wie lange dauert es, bis sich das Kapital verdoppelt hat?

### Aufgabe 78

Der Preis für eine Feinunze Gold betrug 2013 873,27 Dollar. 2019 waren es 1352,44 Dollar. Wir hoch war die durchschnittliche jährliche Verzinsung?

### Aufgabe 79

Die Einwohnerzahl der Stadt Rödermark im Jahr 2011 war 27 672. In 2019 waren es 29 626. Eine gleichbleibende Wachstumsrate vorausgesetzt, wie viele Einwohner hat Rödermark in 2025?

### Aufgabe 80

Franz hat sieben Monate lang seinen Überziehungskredit über 3000,00 EUR zu 12 % Zinsen p. a. ausgenutzt. Aufgrund eines Lottogewinns konnte er sein Konto wieder ausgleichen. Wie viel Zinsen hat er insgesamt gezahlt?

### Aufgabe 81

Wenn Sie Ihr Kapital bei einem jährlichen Zinssatz von 3 % bei täglicher Verzinsung anlegen, wie hoch ist der effektive Zinssatz?

### Aufgabe 82

Wie groß ist der Gegenwartswert (Barwert) eines Vermögens von 100 000,00 EUR in 10 Jahren, wenn man von einem Zinssatz von 3 % p. a. für die ersten drei Jahre und 2 % p. a. für die restlichen Jahre ausgeht? (Hinweis: Verwenden Sie den Zinseszins.)

### Aufgabe 83

Herr Meier möchte sein Haus verkaufen. Herr Müller bietet 100 000,00 EUR sofort bar. Herr Huber bietet 120 000,00 EUR in fünf Jahren. Herr Meier kann sein Geld zu einem Zinssatz von 4 % p. a. anlegen. Wem verkauft er sein Haus?

### Aufgabe 84

Auf Ihrem Tagesgeldkonto (Zinssatz 0,5 % p. a.) befindet sich eine Summe von 1200,00 EUR. Welchen Betrag haben Sie vor 6 Jahren eingezahlt?

### Aufgabe 85

a) Wie groß ist der Gegenwartswert eines Vermögens von 50 000,00 EUR in 10 Jahren, wenn man von einem Zinssatz von 4 % p. a. ausgeht?

b) Wie groß ist der Gegenwartswert, wenn der Zinssatz nach 5 Jahren auf 2 % p. a. sinkt?

c) Wie groß ist der Gegenwartswert, wenn der Zinssatz 4 % p. a. beträgt, aber monatlich verzinst wird?

### Aufgabe 86

Sie möchten 10 000,00 EUR anlegen. Ihre Bank bietet Ihnen bei gleicher Laufzeit folgende Optionen:

- Jährlicher Zinssatz 8,7 % bei halbjährlicher Zinszahlung.
- Jährlicher Zinssatz 8,6 % bei vierteljährlicher Zinszahlung.
- Jährlicher Zinssatz 8,9 % bei jährlicher Zinszahlung.
- Jährlicher Zinssatz 8,5 % bei monatlicher Zinszahlung.

Für welches Angebot entscheiden Sie sich?

## 6.1.2 Rentenrechnung

### Aufgabe 87

a) Startend mit ihrer Geburt, zahlen Sie am Ende jedes Jahres 1200,00 EUR auf das Konto Ihrer Nichte ein ($i = 0{,}05$ p. a.). Welcher Betrag befindet sich nach 19 Jahren auf dem Konto?

b) Was ändert sich im Vergleich zu a), wenn nicht im Jahr einmalig 1200,00 EUR, sondern monatlich 100,00 EUR eingezahlt werden?

### Aufgabe 88

Nach dem Studium beschließen Sie, sich im Alter von 60 Jahren als Millionär zur Ruhe zu setzen. Sie haben bis dahin 38 Jahre Zeit, um die benötigte Million anzusparen. Welchen Betrag müssen Sie am Ende jedes Jahres zurücklegen? Der Zinssatz sei $i = 0{,}02$ p. a.

### Aufgabe 89

Ihr Lebensplan ist es, sich mit 60 Jahren zur Ruhe zu setzen und 100 Jahre alt zu werden. Sie rechnen damit, jeden Monat (am Anfang) über 10 000,00 EUR zu verfügen. Wie groß muss Ihr Vermögen zum Zeitpunkt Ihres Ruhestandes sein? ($i = 0{,}02$ p. a.)

### Aufgabe 90

Ihre 69-jährige Nachbarin hat bei einem Glücksspiel eine lebenslange Monatsrente (vorschüssig) von 7500,00 EUR gewonnen. Angesichts ihres hohen Alters bietet das Unternehmen der Gewinnerin eine Einmalzahlung von 500 000,00 EUR an. Sollte sie das Angebot annehmen? (Kalkulieren Sie mit einem Zinssatz von 3 % p. a.) Hinweis: Die durchschnittliche Lebenserwartung von Frauen in Deutschland beträgt 81 Jahre.

### Aufgabe 91

Sie möchten für Ihre neugeborene Nichte ein Konto einrichten, von dem diese bis zur Volljährigkeit jedes Jahr zu Weihnachten 200,00 EUR abheben kann. Wieviel müssen Sie bei einem Zinssatz von $i = 0{,}01$ p. a. auf das Konto einzahlen?

### Aufgabe 92

Wie lange kann aus einem Vermögen von 100 000,00 EUR am Jahresende eine Rente von 10 000,00 EUR ausgezahlt werden, wenn man von einem Zinssatz von 3 % p. a. ausgeht?

### Aufgabe 93

Für Ihre Altersversorgung wollen Sie durch eine private Vorsorge eine Zusatzrente ansparen. Sie planen mit einer jährlichen Auszahlung von 12 000,00 EUR vorschüssig über einen Zeitraum von 23 Jahren. Wie groß ist der Betrag, den Sie nachschüssig jährlich zurücklegen müssen, wenn Sie von 42 Jahren Berufstätigkeit und einem Zinssatz von 2 % p. a. ausgehen?

### Aufgabe 94

Ein Raucher kauft sich am Anfang jeder Woche eine Stange Zigaretten für 50,00 EUR. Wenn er nun dieses Geld jede Woche auf ein Konto einzahlen würde und ein Zinssatz von 1 % p. a. zugrunde gelegt wird, welches Kapital würde sich nach 20 Jahren auf diesem Konto befinden?

**Aufgabe 95**

a) Wenn Sie bei einem Zinssatz von $i = 0{,}01$ p. a. am Ende jedes Jahres 4800,00 EUR auf ein Konto einzahlen, wie lange dauert es, bis Sie eine Million zusammen haben?

b) Was ändert sich an derLösung von a), wenn Sie monatlich 400,00 EUR einzahlen?

## 6.1.3 Tilgungsrechnung

**Aufgabe 96**

Ein Darlehen über 30 000,00 EUR soll bei einem Zinssatz von 5 % p. a. innerhalb von 6 Jahren getilgt werden. Bestimmen Sie für die drei möglichen Tilgungsarten jeweils den Tilgungsplan für das zweite Jahr.

**Aufgabe 97**

Sie nehmen einen Kredit über von 15 000,00 EUR auf, den Sie innerhalb von 5 Jahren zurückzahlen wollen. Welche Tilgungsmethode wählen Sie? Begründung! Erstellen Sie den Tilgungsplan. (Kalkulieren Sie mit einem Zinssatz von 2 % p. a.)

**Aufgabe 98**

Sie können in den nächsten zehn Jahren jährlich einen Betrag von 6000,00 EUR aufbringen, um eine Annuität zu bezahlen. Über welche Kreditsumme können Sie daher jetzt verfügen, wenn man von einem Zinssatz von 5 % p. a. ausgeht?

**Aufgabe 99**

Sie schließen einen Bausparvertrag über 60 000,00 EUR ab. Dazu müssen Sie 40 % dieser Summe ansparen, den Rest bekommen Sie von der Bausparkasse als Kredit. In der Ansparphase zahlen Sie am Ende jedes Jahres einen gleichbleibenden Betrag von 3600,00 EUR auf Ihr Bausparkonto ein. Der jährliche Zinssatz der Ansparphase ist 0,3 % p. a.

a) Wie lange dauert es, bis Sie den benötigten Betrag angespart haben?

b) Den Kredit tilgen Sie per Annuitätentilgung in 12 Jahren. Der Zinssatz beträgt jetzt 3 % p. a. Wie groß ist die Rate, die Sie monatlich zahlen müssen? Stellen Sie den Tilgungsplan für die ersten vier Monate auf!

### 6.1.4 Kapitalwert

#### Aufgabe 100

Sie können Ihr Kapital zu einem Zinssatz von 10 % anlegen. Da bietet sich Ihnen die Gelegenheit, zu einem Kaufpreis von 4,5 Mio EUR Eigentümer eines Mietshauses zu werden, für dessen Vermietung Sie mit jährlichen Einzahlungsüberschüssen von 630 000,00 EUR rechnen können. Nach acht Jahren wird das Haus wegen eines Autobahnbaus abgerissen, Sie bekommen jedoch eine Entschädigung von 2,5 Mio EUR.

Hat sich der Kauf des Hauses für Sie gelohnt?

## 6.2 Lösungen

#### Lösung zu Aufgabe 72

Für diese Aufgabe benötigen wir die Zinseszinsformel.

$$K_n = K_0 (1+i)^n \Rightarrow K_{13} = 5(1+0{,}01)^{13} = 5{,}69$$

$$K_0 = K_n (1+i)^{-n} \Rightarrow K_0 = 36000(1+0{,}01)^{-13} = 21620{,}67$$

**Lösung zu Aufgabe 73**

Die Zinseszinsformel muss nach $i$ umgeformt werden.

$$K_n = K_0(1+i)^n \Rightarrow (1+i)^n = \frac{K_n}{K_0} \Rightarrow 1+i = \sqrt[n]{\frac{K_n}{K_0}} \Rightarrow i = \sqrt[n]{\frac{K_n}{K_0}} - 1$$

Hier setzen wir die Werte der Aufgabe ein: $i = \sqrt[19]{\frac{36000}{5000}} - 1 = 0{,}109$

Also ein Zinssatz von 10,9 %.

**Lösung zu Aufgabe 74**

Die Zinseszinsformel muss nach $n$ umgeformt werden.

$$K_n = K_0(1+i)^n \Rightarrow (1+i)^n = \frac{K_n}{K_0} \Rightarrow n\ln(1+i) = \ln\left(\frac{K_n}{K_0}\right) = \ln(K_n) - \ln(K_0)$$

Hieraus ergibt sich:

$$n\ln(1+i) = \frac{\ln(K_n) - \ln(K_0)}{\ln(1+i)} = \frac{\ln(36000) - \ln(5000)}{\ln(1+0{,}07)} = 29{,}18$$

Es dauert also knapp 30 Jahre.

**Lösung zu Aufgabe 75**

Der aktuelle Umsatz in $px$. Wenn der Preis sich jährlich um 2 % und der Umsatz jährlich um 3 % erhöht, wirkt das wie ein Zinseszins. In 10 Jahren ist der Umsatz dann $p \times 1{,}02^{10} \times x \times 1{,}03^{10} = px \times 1{,}0506^{10}$.

Der Umsatz steigt also um 5,06 % pro Jahr. Insgesamt ist der Zuwachs in den 10 Jahren:

$$px \times 1{,}0506^{10} = px(1+i) \Rightarrow i = 1{,}0506^{10} - 1 = 0{,}638$$

Der Umsatz ist in 10 Jahren also um 63,8 % größer als jetzt.

### Lösung zu Aufgabe 76

Sei $p$ der Preis ohne Mehrwertsteuer. Dann musste der Kunde vor der Steuersenkung einen Preis von

$x_{\text{alt}} = p \times 1{,}19$ zahlen, nach der Steuersenkung einen Preis von $x_{\text{neu}} = p \times 1{,}16$.

Die relative Ersparnis ist also:

$$\frac{x_{\text{neu}} - x_{\text{alt}}}{x_{\text{alt}}} = \frac{p \times 1{,}16 - p \times 1{,}19}{p \times 1{,}19} = \frac{-0{,}03}{1{,}19} = 0{,}0252$$

Die Preise verbilligen sich für den Endkunden also nicht um 3 %, sondern nur um 2,52 %.

### Lösung zu Aufgabe 77

Wir brauchen wieder die Zinseszinsformel, die wir nach der Laufzeit umformen. Hier haben wir endlich ein schönes Beispiel, wo man den Logarithmus benötigt!

$$K_n = 2K_0 = K_0 \times 1{,}02^n \Rightarrow 1{,}02^n = 2 \Rightarrow n = \frac{\ln(2)}{\ln(1{,}02)} = 35$$

### Lösung zu Aufgabe 78

Wir nehmen die Zinseszinsformel und lösen nach dem Zinssatz auf:

$$1352{,}44 = 873{,}27(1+i)^6 \Rightarrow i = \sqrt[6]{\frac{1352{,}44}{873{,}27}} - 1 = 0{,}076$$

Also ist die durchschnittliche jährliche „Verzinsung“ von Gold 7,6 %.

### Lösung zu Aufgabe 79

Zuerst müssen wir die durchschnittliche jährliche Wachstumsrate (die „Zinsen“) ausrechnen:

$$29626 = 27672(1+i)^8 \Rightarrow i = \sqrt[8]{\frac{29626}{27672}} - 1 = 0{,}0086$$

Mit diesem Zinssatz müssen wir jetzt den Wert von 2019 über 6 Jahre aufzinsen:

$$K_6 = 29626(1+0{,}0086)^6 = 31181{,}53$$

Also hätte Rödermark in 2025 rund 31182 Einwohner.

### Lösung zu Aufgabe 80

Da das Konto nicht das ganze Jahr überzogen war, zahlt Franz Zinsen nur für den Anteil des Jahres, an dem sein Konto überzogen war. Das war es $\frac{7}{12}$ des Jahres, er zahlt also Zinsen in Höhe von: $3000 \times \frac{7}{12} \times 0{,}12 = 210$.

### Lösung zu Aufgabe 81

Der Effektivzins ist der, den man bei einer einmaligen Verzinsung pro Jahr bekommt. Bei unterjähriger Verzinsung wird der Zinssatz durch die Anzahl der Zinstermine pro Jahr geteilt, die Anzahl der Jahre hingegen damit multipliziert. Für ein Jahr bedeutet das (*m*, die Anzahl der Zinstermine pro Jahr, ist bei täglicher Verzinsung 360):

$$K_0\left(1+\frac{i}{m}\right)^m = K_0\left(1+i_{\text{eff}}\right) \Rightarrow i_{\text{eff}} = \left(1+\frac{i}{m}\right)^m - 1 = \left(1+\frac{0{,}03}{360}\right)^{360} - 1 = 0{,}0305$$

Der effektive Zinssatz ist also 3,05 %.

### Lösung zu Aufgabe 82

Wir müssen nur die Zinseszinsformel umstellen. Der Begriff „Gegenwartswert“ bezieht sich immer auf den Zeitpunkt „jetzt“, also vor der Verzinsung.

$$K_0 = K_{10} \times 1{,}03^{-3} \times 1{,}02^{-7} = 79668{,}59$$

### Lösung zu Aufgabe 83

Da sich die beiden Gebote auf unterschiedliche Zeitpunkte beziehen, muss man durch Aufzinsen des Gebotes von Müller erst Vergleichbarkeit herstellen.

$$K_n = K_0\left(1+i\right)^n \Rightarrow K_5 = 1000001{,}04^5 = 121665{,}29$$

Also bekommt Herr Müller das Haus.

### Lösung zu Aufgabe 84

Gesucht ist der Startwert einer Zinseszinsformel bei täglicher Verzinsung.

$$K_n = K_0\left(1+\frac{i}{360}\right)^{360n} \Rightarrow K_0 = K_n\left(1+\frac{i}{360}\right)^{-360n} = 1200\left(1+\frac{0{,}005}{360}\right)^{-360\times 6}$$
$$= 1164{,}54$$

### Lösung zu Aufgabe 85

Auch hier geht es wieder um die Gegenwart, also ohne Zinsen.

a) $K_0 = K_n\left(1+i\right)^{-n} = 50000\left(1+0{,}04\right)^{-10} = 33778{,}21$

b) $K_0 = 50000\left(1+0{,}04\right)^{-5}\left(1+0{,}02\right)^{-5} = 37222{,}24$

c) $K_0 = K_n\left(1+\frac{i}{12}\right)^{-12n} = 50000\left(1+\frac{0{,}04}{12}\right)^{-12\times 10} = 33538{,}30$

### Lösung zu Aufgabe 86

Mithilfe der unterjährigen Zinseszinsformel rechnen wir aus, wie hoch das Kapital am Ende des ersten Jahres ist.

$$K_n = K_0\left(1+\frac{i}{2}\right)^{2n} = 10000\left(1+\frac{0{,}087}{2}\right)^2 = 10888{,}92$$

$$K_n = K_0\left(1+\frac{i}{4}\right)^{4n} = 10000\left(1+\frac{0{,}086}{4}\right)^{4} = 10888{,}13$$

$$K_n = K_0\left(1+\frac{i}{1}\right)^{n} = 10000\left(1+\frac{0{,}089}{1}\right)^{1} = 10890$$

$$K_n = K_0\left(1+\frac{i}{12}\right)^{12n} = 10000\left(1+\frac{0{,}085}{12}\right)^{12} = 19883{,}91$$

Wir entscheiden uns also für das Angebot mit der einmaligen Verzinsung pro Jahr.

### Lösung zu Aufgabe 87

Bei Rentenaufgaben müssen wir immer sorgfältig überprüfen, ob wir die Formel für den Barwert (also den Wert vor Beginn der Rentenzahlungen, ohne jeglichen Zinsen) oder für den Endwert (also nach Ende aller Rentenzahlungen, inkl. aller Zinsen) benötigen. Die Begriffe „vorschüssig“ und „nachschüssig“ beziehen sich auf den Zeitpunkt der Rentenzahlung: am Anfang oder am Ende des Jahres.

a) Gesucht ist der Rentenendwert nachschüssig.

$$R_{n,nach} = r\frac{q^n - 1}{q-1} = 1200\frac{1{,}05^{19}-1}{0{,}05} = 36646{,}8$$

b) Jetzt muss die Formel auf die unterjährige Verzinsung angepasst werden. Da es sich in der Aufgabe um den monatlichen Fall handelt, muss in der Formel $n$ durch $12n$ und $i$ durch $\frac{i}{12}$ ersetzt werden.

$$R_{n,nach} = r\frac{\left(1+\frac{i}{12}\right)^{12n} - 1}{\frac{i}{12}} = 100\frac{\left(1+\frac{0{,}05}{12}\right)^{12\times 19} - 1}{\frac{0{,}05}{12}} = 37934{,}67$$

## Lösung zu Aufgabe 88

Der nachschüssige Rentenendwert (monatlicher, also unterjähriger Fall) muss nach $r$ umgestellt werden.

$$R_{n,\text{nach}} = r\frac{\left(1+\frac{i}{12}\right)^{12n}-1}{\frac{i}{12}} \Rightarrow r = \frac{\frac{i}{12}R_{n,\text{nach}}}{\left(1+\frac{i}{12}\right)^{12n}-1} = \frac{\frac{0{,}02}{12}1000000}{\left(1+\frac{0{,}02}{12}\right)^{12\times 38}-1}$$

$$= 1465{,}94$$

## Lösung zu Aufgabe 89

Gesucht ist diesmal der Rentenbarwert vorschüssig. Auf Jahresbasis lautet die Formel: $R_{0,\text{ vor}} = r\frac{q^n-1}{q-1}\frac{1}{q^n}q$. Da wir monatlich über den Betrag verfügen wollen, müssen wir diese Formel auf den unterjährigen Fall anpassen. Wir müssen in der Formel $n$ durch $12n$ und $i$ durch $\frac{i}{12}$ ersetzen.

$$R_{0,\text{ vor}} = r\frac{\left(1+\frac{i}{12}\right)^{12n}-1}{\frac{i}{12}}\frac{1}{\left(1+\frac{i}{12}\right)^{12n}}\left(1+\frac{i}{12}\right)$$

Hier setzen wir die Angaben aus der Aufgabe ein:

$$R_{0,\text{ vor}} = 10000\frac{\left(1+\frac{0{,}02}{12}\right)^{12\times 40}-1}{\frac{i}{12}}\frac{1}{\left(1+\frac{0{,}02}{12}\right)^{12\times 40}}\left(1+\frac{0{,}02}{12}\right) = 3307734{,}02$$

**Lösung zu Aufgabe 90**

Wir müssen den vorschüssigen monatlichen Rentenbarwert einer 12-jährigen Rente mit dem (jetzt zu zahlenden) Einmalbetrag vergleichen.

$$R_{0,\text{ vor}} = r\frac{\left(1+\frac{i}{12}\right)^{12n}-1}{\frac{i}{12}}\frac{1}{\left(1+\frac{i}{12}\right)^{12n}}\left(1+\frac{i}{12}\right)$$

$$=7500\frac{\left(1+\frac{0{,}03}{12}\right)^{12\times 12}-1}{\frac{0{,}03}{12}}\frac{1}{\left(1+\frac{0{,}03}{12}\right)^{12\times 12}}\left(1+\frac{0{,}03}{12}\right)$$

$$=908295{,}59$$

Die Nachbarin sollte das Angebot auf keinen Fall annehmen.

**Lösung zu Aufgabe 91**

Sie benötigen den Rentenbarwert nachschüssig.

$$R_{0,\text{ nach}} = r\frac{q^n-1}{q-1}\frac{1}{q^n} = 200\frac{1{,}01^{18}-1}{0{,}01}\frac{1}{1{,}01^{18}} = 3279{,}65$$

**Lösung zu Aufgabe 92**

Die 100 000,00 EUR sind der Barwert einer nachschüssigen Rente, gesucht ist die Laufzeit. Also müssen wir die Gleichung nach $n$ umstellen, Schritt für Schritt.

$$R_{0,\text{ nach}} = r\frac{q^n-1}{q-1}\frac{1}{q^n} = \frac{r}{i}\frac{q^n-1}{q^n} = \frac{r}{i}\left(1-\frac{1}{q^n}\right) \Rightarrow \left(1-\frac{1}{q^n}\right) = \frac{iR_0}{r} \Rightarrow \frac{1}{q^n}$$

$$=1-\frac{iR_0}{r} \Rightarrow q^n = \left(1-\frac{iR_0}{r}\right)^{-1} \Rightarrow n = \frac{\ln\left(1-\frac{iR_0}{r}\right)^{-1}}{\ln(q)}$$

$$=\frac{0{,}3567}{0{,}0296} = 12{,}07$$

### Lösung zu Aufgabe 93

Zuerst berechnen wir, über welches Kapital wir zu Beginn der Auszahlungsrente verfügen müssen. Gesucht ist also der Barwert einer vorschüssigen Rente.

$$R_{0,\text{ vor}} = r\frac{q^n-1}{q-1}\frac{1}{q^n}q = 12000\frac{1{,}02^{23}-1}{0{,}02}\frac{1}{1{,}02^{23}}1{,}02 = 223896{,}58$$

Dieser Betrag muss in den 42 Jahren Berufstätigkeit zusammengespart werden, sprich es ist der Endwert der nachschüssigen Ansparrente. Also müssen wir die Formel des nachschüssigen Rentenendwertes nach $r$ umformen.

$$R_{n,\text{ nach}} = r\frac{q^n-1}{q-1}$$

$$\Rightarrow r = R_{n,\text{ nach}}\frac{q-1}{q^n-1} = 223896{,}58\frac{0{,}02}{1{,}02^{42}-1} = 3451{,}88$$

### Lösung zu Aufgabe 94

Gesucht ist ein vorschüssiger Rentenendwert. Die Formel auf Jahresbasis lautet: $R_{n,\text{ vor}} = r\frac{q^n-1}{q-1}q$.

Da wir eine wöchentliche Zahlung haben, müssen wir die Formel für den unterjährigen Fall modifizieren, indem wir den Zinssatz durch 52 (Anzahl der Wochen pro Jahr) teilen und die Laufzeit mal 52 nehmen:

$$R_{n,\text{ vor}} = r\frac{\left(1+\frac{i}{52}\right)^{52\times n}-1}{\frac{i}{52}}\left(1+\frac{i}{52}\right) = 50\frac{\left(1+\frac{0{,}01}{52}\right)^{52\times 20}-1}{\frac{0{,}01}{52}}\left(1+\frac{0{,}01}{52}\right)$$

$$= 57569{,}68$$

**Lösung zu Aufgabe 95**

a) Wir brauchen die Formel für den Rentenendwert nachschüssig (der ist 1 000 000,00), die wir nach $n$ umstellen müssen. $r$ ist 4800.

$$R_{n,\,\text{nach}} = r\frac{q^n-1}{q-1} = r\frac{q^n-1}{i} \Rightarrow q^n - 1 = \frac{iR_n}{r} \Rightarrow q^n = \frac{iR_n}{r}+1$$

$$\Rightarrow \mathrm{n}\ln(\mathrm{q}) = \ln\left(\frac{iR_n}{r}+1\right) \Rightarrow \mathrm{n} = \frac{\ln\left(\frac{iR_n}{r}+1\right)}{\ln(\mathrm{q})} = 113{,}16$$

b) Für die monatliche Betrachtung müssen wir die Formel aus a) in den unterjährigen Fall ändern. Wir müssen also $i$ durch $\frac{i}{12}$ und $n$ durch $12n$ ersetzen. $r$ ist jetzt natürlich die Monatsrate von 400.

$$12\mathrm{n} = \frac{\ln\left(\frac{\frac{i}{12}R_n}{r}+1\right)}{\ln\left(1+\frac{i}{12}\right)} = 1351{,}78 \Rightarrow n = 112{,}65$$

**Lösung zu Aufgabe 96**

Zum besseren Verständnis führen wir auch das jeweils erste Jahr in den Tilgungsplänen auf.

**Endfällige Tilgung:**

| Jahr | Anfangsschuld | Zinsen | Tilgung | Annuität | Endschuld |
|---|---|---|---|---|---|
| 1 | 30 000,00 | 1500,00 | 0,00 | 1500,00 | 30 000,00 |
| 2 | 30 000,00 | 1500,00 | 0,00 | 1500,00 | 30 000,00 |

**Ratentilgung:**

Die Rate ist $T = \frac{S}{n} = \frac{30000}{6} = 5000$

| Jahr | Anfangsschuld | Zinsen | Tilgung | Annuität | Endschuld |
|---|---|---|---|---|---|
| 1 | 30 000,00 | 1500,00 | 5000,00 | 6500,00 | 25 000,00 |
| 2 | 25 000,00 | 1250,00 | 5000,00 | 6250,00 | 20 000,00 |

**Annuitätentilgung:**

Die Annuität ist $A = Sq^n \frac{q-1}{q^n - 1} = 300001{,}05^6 \frac{0{,}05}{1{,}05^6 - 1} = 5910{,}52$

| Jahr | Anfangsschuld | Zinsen | Tilgung | Annuität | Endschuld |
|---|---|---|---|---|---|
| 1 | 30 000,00 | 1500,00 | 4410,52 | 5910,52 | 25 589,48 |
| 2 | 25 589,48 | 1279,47 | 4631,05 | 5910,52 | 20 958,43 |

## Lösung zu Aufgabe 97

Wir entscheiden uns für die Ratentilgung, da dort die Zinsbelastung am niedrigsten ist. Die Tilgungsrate beträgt 3000,00 EUR.

| Jahr | Anfangsschuld | Zinsen | Tilgung | Annuität | Endschuld |
|---|---|---|---|---|---|
| 1 | 15 000,00 | 300,00 | 3000,00 | 3300,00 | 12 000,00 |
| 2 | 12 000,00 | 240,00 | 3000,00 | 3240,00 | 9000,00 |
| 3 | 9000,00 | 180,00 | 3000,00 | 3180,00 | 6000,00 |
| 4 | 6000,00 | 120,00 | 3000,00 | 3120,00 | 3000,00 |
| 5 | 3000,00 | 60,00 | 3000,00 | 3060,00 | 0,00 |

## Lösung zu Aufgabe 98

Wir müssen nur die Annuitätengleichung nach der Schuld umformen.

$$Sq^n = A\frac{q^n - 1}{q-1} \Rightarrow S = A\frac{q^n - 1}{q-1}\frac{1}{q^n} = 6000\frac{1{,}05^{10} - 1}{0{,}05}\frac{1}{1{,}05^{10}} = 46330{,}41$$

## Lösung zu Aufgabe 99

a) Anzusparen sind 24 000,00 EUR. Für die Dauer müssen wir den Rentenendwert nachschüssig nach $n$ umstellen

$$\mathrm{n} = \frac{\ln\left(\frac{iR_n}{r} + 1\right)}{\ln(\mathrm{q})} = 6{,}61$$

b) Für den Kredit über 36 000,00 EUR müssen wir die Annuitätengleichung nach $A$ umstellen.

$$Sq^n = A\frac{q^n - 1}{q - 1} \Rightarrow A = Sq^n \frac{q-1}{q^n - 1}$$

Aufgrund der monatlichen Zahlung müssen wir die Formel in die unterjährige (also monatliche) Betrachtungsweise überführen.

$$A = S\left(1+\frac{i}{12}\right)^{12n} \frac{\frac{i}{12}}{\left(1+\frac{i}{12}\right)^{12n} - 1} = 298$$

Damit ergibt sich folgender Tilgungsplan:

| Monat | Anfangsschuld | Zinsen | Tilgung | Annuität | Endschuld |
|---|---|---|---|---|---|
| 1 | 36 000,00 | 90,00 | 208,00 | 298,00 | 35 792,00 |
| 2 | 35 792,00 | 89,48 | 208,52 | 298,00 | 35 583,48 |
| 3 | 35 583,48 | 88,96 | 209,04 | 298,00 | 35 374,44 |
| 4 | 35 374,44 | 88,44 | 209,56 | 298,00 | 35 164,88 |

**Lösung zu Aufgabe 100**

Ob sich eine Investition lohnt, bestimmt man mithilfe der auf den Zeitpunkt Null abgezinsten Zahlungsströme. Das ist der sog. Kapitalwert einer Investition.

$$\text{KW} = -4{,}5\,\text{Mio} + \frac{630k}{1{,}1} + \frac{630k}{1{,}1^2} + \frac{630k}{1{,}1^3} + \frac{630k}{1{,}1^4} + \frac{630k}{1{,}1^5} + \frac{630k}{1{,}1^6} + \frac{630k}{1{,}1^7} + \frac{630k + 2{,}5\,\text{Mio}}{1{,}1^8} = -219279{,}18$$

Der Kauf hat sich für Sie nicht gelohnt, da der Kapitalwert negativ ist. (Lohnend wäre der Kauf bei einem positiven Kapitalwert gewesen.)

John Franklin

DIE 100 BEDEUTENDSTEN ENTDECKER